DÉPÔT LÉGAL
VIENNE
N° *[illegible]*
Année 19..

# LE
# Rôle Social et Moral de la Presse

PARIS
P. LETHIELLEUX, LIBRAIRE-ÉDITEUR
10, RUE CASSETTE, 10

# Le Rôle Social et Moral
# de la Presse

# OUVRAGES DU MÊME AUTEUR

**Les Vies closes.** — 1 vol. in-12 (Perrin, 1901). **3.50**

**L'amélioration du sort des travailleurs,** avec préface de M. GAILHARD-BANCEL, — 1 vol. in-12 (Roger et Chernovitz, 1906)............ **3.00**

**Les Vies nécessaires** (couronné par l'Académie française). — 1 vol. in-12 (Rivière, 1907) 2ᵉ édition................................. **3.50**

**Sur les Lisières** (Études historiques et littéraires). — 1 vol. in-12 (Perrin, 1909)........... **3.50**

**L'Erreur primaire** (Revues pédagogiques et Manuels scolaires). — 1 vol. in-12 (Rivière, 1911). **3.50**

# LE

# Rôle Social et Moral de la Presse

PAR

Georges MAZE-SENCIER

PARIS

P. LETHIELLEUX, LIBRAIRE-ÉDITEUR

10, RUE CASSETTE, 10

# LE ROLE SOCIAL DE LA PRESSE

« Nous avons besoin de journaux propres, sains, avec une critique propre, saine, nous avons besoin d'une presse qui soit intrépide et véridique. » (ROOSEVELT.)

## I

Pour expliquer sa théorie libératrice des sérums, Pasteur, le grand sauveur de tant de vies humaines, se servit un jour de cette parole profonde :

« Le mal vaincu se fait remède. »

Il faut appliquer à la presse l'idée de Pasteur. La presse, sans un frein qui la retienne, est un mal ; elle est un danger, elle a été, à notre époque, la grande machine de guerre dirigée contre la vérité. Le poison qui tue le corps a été vaincu par la science de Pasteur et transformé en une substance de vie et de résurrection. Le poison qui tue les esprits doit être, lui aussi, transformé en un ferment de force et de vitalité.

Il faut que la presse mauvaise et mensongère soit combattue par la presse saine et loyale. C'est ainsi que, peu à peu, le mal vaincu deviendra remède.

L'influence de la presse n'est pas niable : la population est de plus en plus avide de lecture et ajoute foi volontiers à ce qu'elle lit : dans la ville, à la campagne, chez ceux mêmes que l'on croirait le plus éloignés d'un pareil désir, on trouve souvent un goût incroyable de lecture. Cette soif d'apprendre, cette soif de connaître, cette sorte de tourment nostalgique qui porte l'esprit de l'homme à s'élever davantage et à se porter vers des sphères plus hautes et plus étendues, reste l'un des côtés les plus nobles de l'âme humaine, et chez un peuple qui veut savoir, on peut espérer beaucoup d'une presse de défense bien organisée et bien faite.

Cette presse existe-t-elle avec les qualités qui rendraient sa diffusion facile et probable ? Évidemment non.

C'est à cette tâche qu'il importe de travailler

sans relâche. Les esprits les plus clairvoyants de tous les partis et de toutes les opinions ont toujours été unanimes à reconnaître la puissance de la presse.

Veuillot disait du journal qu'il était l'arme de précision : cette idée, juste à son époque, est plus vraie que jamais. Mgr Pie voyait dans le mauvais journal la pierre d'achoppement contre laquelle tout se brise et se heurte. « Un peuple qui ne lirait que de mauvais journaux deviendrait, au bout de trente ans, un peuple d'impies et de révoltés. Humainement parlant, il n'y a pas de prédication qui tienne contre la mauvaise presse. »

La puissance formidable d'un tel enseignement est si réelle que les partis, aujourd'hui vainqueurs, ont tout fait pour conquérir la presse. Ils suivaient en cela le conseil qui, dès le milieu du siècle dernier, était donné par Crémieux dans un convent maçonnique : « Regardez tout le reste comme rien, les places comme rien, la popularité comme rien, l'argent comme rien. La presse, c'est tout. Ayant la presse, nous aurons le reste, tout le reste ! »

C'est ainsi que la presse sectaire et maçonnique, suivant un plan méthodique dont elle ne s'est jamais départie, a peu à peu accaparé l'influence prépondérante : elle a, dans un grand nombre d'esprits, semé la haine et la suspicion, et leur a appris à mépriser tout ce qu'ils respectaient jusque-là ; le mal est profond, et si, dans un sursaut d'énergie, la presse libérale ne se relève, plus forte, mieux armée pour lutter d'influence, d'expansion et d'autorité, on ne peut prévoir sans terreur les conséquences d'une aggravation du mal. Léon XIII, dont la pensée lumineuse et forte devinait et comprenait à merveille les nécessités de son époque, avait, à plusieurs reprises, indiqué aux catholiques l'œuvre capitale.

« Au nombre des moyens les plus aptes à défendre la religion, il n'en est pas à notre sens de plus approprié à l'époque actuelle ni de plus efficace que la presse. » Et revenant encore sur ce conseil qui, tombant de si haut, devait donner une ardeur singulière à tous ceux auxquels il s'adressait, le pape expliquait lui-même les raisons de ce conseil.

« Aujourd'hui la presse, l'histoire, la science, les arts libéraux, se changent dans la main des impies en instruments de corruption. Faites des journaux, répondez à la presse par la presse, aux mensonges qui salissent le papier par des arguments et des formules de vérité dans des écrits répandus à profusion. »

L'hésitation n'est plus permise ; l'œuvre urgente, nécessaire aujourd'hui est l'œuvre du journal. Pie X, lorsqu'il n'était encore que patriarche de Venise, donnait lui aussi un conseil significatif à ce sujet, mais d'une manière spéciale, presque familière, dans laquelle se devine l'âme apostolique et généreuse du nouveau pontife. Un journal de Venise, *La Difesa*, le soutien des idées catholiques, était menacé de disparaître faute de ressources. Le patriarche releva de ses deniers ce journal qu'il considérait comme nécessaire et ajouta même à cette occasion ces jolies paroles :

« Si je devais donner ma croix pastorale, mes ornements d'église et mes meubles pour garantir l'existence de *La Difesa*, je le ferais volontiers. »

Et sous cette forme charmante, qui le sait, celui qui devait être le pontife de demain indiquait non seulement ce qu'il y avait à faire, mais il donnait aussi peut-être le véritable secret des succès, il prouvait que pour lui les meilleurs moyens à employer se trouvaient à la fois dans l'action et dans le sacrifice.

Et ceux qui agissent, ceux qui se sacrifient ne réussiront pas toujours, car Dieu reste l'appréciateur impénétrable de l'heure et du moment ; mais ils sont assurés, quoi qu'il arrive, de n'avoir pas fait une œuvre vaine. Il est une pensée très consolante contre laquelle rien ne prévaut, et que rien n'infirme, même l'exemple des pires et des plus injustes infortunes. C'est que tout effort humain a par lui-même une efficacité propre.

Dans le sujet qui nous occupe, l'hésitation n'est plus permise. L'heure de l'action et l'heure du sacrifice sont arrivées.

## II

Le rôle de la presse est considérable ; il doit
être compris en partie double. La *presse au point
de vue politique et général* a un *rôle d'éducation.*
Au *point de vue social* elle a un *rôle d'apostolat.*

Dans notre démocratie ignorante et inquiète,
la presse a pour premier devoir de contribuer à
l'éducation morale et politique du peuple. Cette
éducation doit être commencée par la base ; le
peuple a été corrompu par des politiciens fort
peu soucieux de l'intérêt de l'État et décidés à
tout sacrifier à l'intérêt immédiat et personnel
d'une réélection qui constitue toute leur raison
d'être et toute leur valeur ; le peuple exige
aujourd'hui de ses commettants un dévouement
aveugle aux intérêts personnels de telle ou telle
caste ; il a exigé d'eux la satisfaction immédiate
de certains appétits, d'où cette progression

inquiétante et folle du fonctionnarisme ; il n'admet plus, ou mieux il ne comprend plus que l'intérêt du pays et que l'intérêt de l'État passent avant tout autre : c'est la moralité politique anéantie et désormais impossible.

Gambetta qui, pour le triomphe de sa politique, avait une vue si claire et si juste des opportunités nécessaires, avait compris la nécessité d'une éducation du suffrage universel. Dans l'organe qu'il dirigeait, la *République française*, il avait institué un véritable cours de philosophie politique, sociale et historique. Il avait ainsi pour but de réduire la légende et de ramener la démocratie à la conception d'un véritable esprit gouvernemental : il avait chargé quelques-uns de ses collaborateurs les plus qualifiés de cette tâche qui était une tâche de confiance, et l'on peut dire que cette idée était celle d'un homme d'État véritable.

On ne saurait mieux faire que de la reprendre aujourd'hui. Les malentendus s'accentuent ; les légendes stupides et méchantes s'appesantissent sur le parti libéral : en certains cas, on ne le combat même plus, on ne discute pas avec lui : on le tue d'un mot ou d'un souvenir évoqué dont sourient ceux-là même qui usent de telles armes empoisonnées.

« L'exploitation des souvenirs de l'ancien régime, l'indifférence, la suspicion ou même la haine du noble et du prêtre constituent un instrument de règne puissant entre les mains des politiciens qui agitent cet épouvantail ; il ne faut pas négliger l'œuvre socialiste qui rend cette fermentation plus intense. Quand le rural saura ce qu'un esprit équitable pense et surtout quand son journal l'aura familiarisé avec ce qu'il faut blâmer, flétrir ou louer dans le passé, on aura accompli une œuvre sérieuse d'assainissement mental chez les pauvres malades. » Ces mots sont la vérité même, et l'observateur éclairé [1] qui nous les écrivait, en réponse à une enquête sur l'état de la presse dans le sud-ouest, donnait une indication dont il y a lieu de tenir compte.

Il faut habituer le peuple à la vérité et le dégager, le *délivrer*, pour ainsi dire, des mensonges grossiers qu'on lui présente sans cesse. Le pays est trompé par un petit groupe de médiocres,

1. M. de Taffin.

d'ambitieux, d'ignorants, d'êtres sans droiture. Les journaux ont à lutter contre les opinions fausses que l'on propage et que l'on veut faire passer pour la volonté du peuple.

Ils ont à tenter cette éducation civique des individus qui ignorent complètement les droits et les devoirs du citoyen. Ce mot de « citoyen » si bien compris aux États-Unis dans son acception vraiment haute, avec l'étendue des prérogatives et des obligations qui en découlent, n'évoque chez nous, bien à tort, aucune idée sociale élevée. Les journaux auront donc à moraliser les citoyens, non pas en multipliant les histoires dites morales, mais en présentant toujours les choses sous leur jour véritable, en ne présentant pas comme tout naturel un fait blâmable ou scandaleux en lui-même, en n'excusant pas chez des amis ce qui ne mérite pas l'excuse et ce que l'on attaque à juste raison chez des adversaires, en cessant une guerre stérile contre les institutions elles-mêmes. Que de talent ainsi dépensé sans profit! Que de méfiances aujourd'hui presque impossibles à extirper, n'a-t-on pas imprudemment semées!

Certes, il ne s'agit pas d'abdiquer la lutte : il

faut, au contraire, que cette lutte soit plus « intrépide » que jamais, mais nous ne croyons pas utile, quand on combat les hommes, de chercher le scandale inutile, la tare plus ou moins cachée de la vie personnelle.

Ce qu'il faut faire comprendre au peuple, au point de vue politique, c'est l'importance de ses votes électoraux et l'importance des votes de son élu. Se plaint-il de tels ou tels faits dommageables pour lui et dont les répercussions le frappent dans ses intérêts ou dans ses convictions? Il faut lui prouver, documents en main, que le premier coupable ou le premier maladroit, c'est lui qui a poussé au pouvoir un incapable ou un indigne, un homme sans indépendance, décidé à tout approuver, à tout admettre, à ne rien combattre.

Si, par occasion, le peuple se loue des faveurs que lui fait obtenir cet élu, il faut lui expliquer que, si ces faveurs sont justes, il les eût obtenues en tout état de cause : elles ne sont que la conséquence du fonctionnement régulier et normal des choses, et que si elles sont injustes, cette injustice retombera un jour ou l'autre de tout son poids sur lui-même. Il faut expliquer et démontrer qu'en réalité toutes les faveurs injustes sont payées par le peuple et que leur obtention est un motif de ruine et de démoralisation pour un pays.

Il faut faire comprendre aux électeurs l'indignité ou le néant de tous les hommes politiques qui, depuis une vingtaine d'années, par insuffisance, par légèreté, par esprit de parti, par sectarisme, par courte vue, par un besoin dangereux de céder aux exigences démagogiques et un secret désir de s'assurer le concours des meneurs avancés, pour être réélus en un mot, ont indistinctement, sans discernement, voté pour tous les ministères successifs; qui, sans un vote de protestation, ont accepté des mesures condamnables et mené le pays vraiment aux abîmes; qui ont attaqué ou laissé attaquer l'idée de patrie, l'idée d'armée, l'idée de propriété; il faut le redire sans cesse, tous ces hommes ont mal mérité de la nation et doivent être exclus du pouvoir. Il faut tirer des archives endormies de l'*Officiel* les votes de tous ces politiciens : il est inutile de les combattre à coup d'insinuation : il suffit d'instruire les électeurs et de leur faire connaître les votes de leurs mandataires, ainsi que les conséquences de ces votes. Il est temps que chacun supporte le poids de ses responsabilités personnelles. Or les premiers et les plus grands responsables des maux que nous endurons sont les membres du Parlement, qu'une faiblesse condamnable a poussés à soutenir indistinctement tous les ministères dangereux.

La presse doit par un enseignement suivi faire sentir la nécessité de la responsabilité morale : elle doit avec une implacable insistance faire sentir le besoin de la moralité politique.

Le président Roosevelt, un des plus grands champions politiques qui soient, et qui fut pour un temps l'éducateur attiré de la plus puissante démocratie qui soit au monde, revient souvent sur la nécessité de soutenir et de propager les idées qui expriment « la netteté, la décence, la justice dans toutes les affaires politiques, sociales et civiques ». Il insiste avec vigueur sur ce point :

« Nous devons veiller, dit-il[1], à ce qu'il y ait de l'honnêteté civique, de la propreté civique, du bon sens civique dans notre administration inté-

1. *Vie intense*, p. 25.

rieure de cité, d'État, de nation, nous devons lutter pour l'honnêteté dans les fonctions. »

On peut dire en effet qu'il y a grande pitié dans le pays de France de ce fait que les hommes publics, ceux qui attirent l'attention et les regards du vulgaire, ont par un artifice trop commode souvent laissé croire à l'existence d'une double morale, morale publique et morale privée : ils trouvaient plus aisé dans leur vie publique de ne pas pratiquer les vieilles vertus courantes, les vertus naturelles, banales, qui sont l'honneur des individus et la sauvegarde des sociétés.

Le mal fait par ces politiciens est plus considérable qu'on ne le suppose : car il faut mettre à leur actif, non seulement ce mal qu'ils commettent personnellement, mais encore toute la somme de bien qu'ils empêchent les autres d'accomplir. Si beaucoup d'hommes à sentiments droits et honnêtes affectent parfois une attitude hostile, hésitante devant tant de réformes utiles, ce n'est pas certes par hostilité contre la réforme elle-même dont leur jugement leur enseigne l'utilité : c'est par méfiance contre tous les fanatiques ou tous les hâbleurs, qui se font, en parole seulement, les apôtres du progrès social.

Beaucoup d'hommes, par timidité, par une timidité coupable, mais qui s'explique, refusent d'associer leur action à celle de tous ces politiciens sans conscience, dépourvus en réalité de tout amour du bien, et désireux surtout de se dresser un piédestal ou de cultiver leurs ambitions personnelles. La presse a certes pour devoir de dénoncer tous ces faux amis du peuple, de les démasquer, de les faire voir sous leur jour véritable et de les montrer aux masses flottantes et naïves du corps électoral, tels qu'ils sont en réalité, c'est-à-dire très bas, très calculateurs, très égoïstes, égoïstes jusqu'à la férocité. Il faut plus que jamais mettre en évidence toute la vérité que renferme cette pensée du Président de la République américaine : « Aussitôt qu'un politicien en arrive au point de penser que pour être pratique il faut être bas, il est devenu un membre nuisible du corps politique. »

La presse doit donc lutter sans merci contre la malhonnêteté politique, contre cette idée fausse que la probité et l'honnêteté dans la politique ne sont pas aussi indispensables que dans la vie courante, comme si le besoin d'une honnêteté absolue en politique ainsi qu'en toutes choses n'était pas une condition de durée et de vitalité pour un pays.

La presse qui inculque cette idée aux masses, les éclairera singulièrement, et réparera ainsi, d'une certaine manière, le mal profond commis chaque jour par une autre presse vendue. Comme on le voit, le rôle d'une presse *loyale* est singulièrement élevé ; il devient aussi moralisateur, car la presse a encore une telle puissance que l'on se calque sur elle et que l'on adopte l'opinion de son journal : elle fait à la fois tout le bien et tout le mal. C'est une arme à deux tranchants, dont l'un fait des blessures mortelles et dont l'autre, amputant les parties malades, redonne vie, force et santé.

La presse assez forte par elle-même pour être vraiment loyale et ne pas sciemment travestir la vérité, assez forte pour ne pas mentir, pour ne pas recourir à tous ces petits moyens qui consistent à insinuer, exagérer ou diminuer, assez probe, en un mot, pour exiger du parti qu'elle soutiendrait une attitude nette, assez forte pour attirer confiance, serait une presse libératrice et bienfaisante entre toutes.

Mais il serait puéril de croire à la possibilité

d'existence d'une presse vraiment influente et honnête par elle-même : elle ne peut être à la fois indépendante et répandue que si elle est riche et puissamment soutenue : c'est aux partis d'opposition, menacés aujourd'hui dans leur existence même, à lui assurer l'indépendance, la richesse nécessaire. La presse anglaise, dont on vante le libéralisme, est riche. Le malheur de la presse consiste dans son manque d'indépendance : elle est la prisonnière de ceux qui la subventionnent.

La presse doit être rendue assez forte, assez maîtresse du lendemain pour faire sentir par les moyens solides dont elle dispose le besoin pour le pays de la moralité politique, ainsi que l'influence néfaste et désolante du succès chez les indignes.

Roosevelt, qu'il faut citer encore, explique avec autorité tout ce que la théorie du succès renferme de démoralisant :

« Nous ne ferons jamais de notre République ce qu'elle devrait être jusqu'à ce que, comme peuple, nous comprenions entièrement et mettions en pratique la doctrine que le succès est horrible s'il est obtenu par le sacrifice des principes fondamentaux de la moralité.

« L'homme qui réussit soit en affaires, soit en politique, qui s'est élevé sans remords de conscience en friponnant ses voisins, par fourberie, et par chicanerie, par inscrupuleuse audace et inscrupuleuse ruse, assume envers la société l'attitude d'une dangereuse bête fauve.

« La vile et rampante admiration qu'une telle carrière commande parmi ceux qui pensent de travers ou pas du tout, rend cette sorte de succès peut-être la plus dangereuse de toutes les influences qui menacent notre vie nationale.

« Notre étendard de conduite publique et privée ne sera jamais élevé au niveau approprié, jusqu'à ce que nous fassions sentir le poids d'une hostile opinion publique au coquin qui réussit, plus fortement encore qu'au coquin qui échoue[1]. »

Les hommes qui, à force de talent, auront fait comprendre à leurs concitoyens que les intérêts particuliers de chacun sont liés à l'intérêt général du pays auront accompli une tâche méritoire entre toutes. Nous nous rappelons ce mot d'une

---

1. *Vie intense*, p. 36.

enquête allemande donnant les raisons du succès prodigieux obtenu par la diffusion de la presse.

Comment avez-vous réussi? leur demandait-on. Et leur réponse doit être méditée :

« En ne tenant compte que des intérêts généraux sans nous occuper des intérêts privés. Nous ne nous sommes pas occupés des intérêts particuliers auxquels nous barrons la route; nous n'avons eu en vue que la justice égalitaire. »

Mais il ne faut pas se lasser de le répéter, cette éducation politique dont chaque parti sent le besoin, dont les esprits éclairés prêchent la nécessité, est une œuvre longue et persévérante. Les catholiques, les libéraux, les modérés, quel que soit le talent de leurs chefs, quelles que soient les sommes englouties aux derniers temps des époques électorales, échoueront périodiquement s'ils n'emploient pas mieux leurs ressources et leur talent.

Sauf exception, un succès électoral dans l'opposition ne s'emporte pas en quelques semaines ni même en quelques mois. Que l'on songe aux efforts dépensés par le parti socialiste et aux années de combat passées par lui dans une lutte sans merci pour arriver à la conquête du pouvoir.

Si ce pouvoir, qui nous a échappé et dont à un certain point de vue une part de possession est nécessaire pour le triomphe des convictions et des réformes, veut être reconquis, il importe de prendre les moyens appropriés.

On dira avec juste raison que les succès électoraux dépendent de mille causes : que l'habileté des partis ou leur activité, que le mode de 'scrutin employé, que la pression gouvernementale, etc., sont autant de facteurs puissants. Tout cela est exact. Mais sauf exception, on prouvera, exemples en main, que les succès obtenus correspondent généralement à la longueur de l'effort employé. Il importe, après avoir consulté l'état des esprits dans les régions différentes et après s'être informé des besoins mêmes de ces régions, de fonder des journaux d'opposition répondant aux aspirations et aux besoins de la population. Il existe une loi générale que les faits ne peuvent démentir et que les publicistes avisés ne se lassent pas de mettre en évidence, c'est la loi « de l'évolution commune des idées et des esprits ». Il ne faut pas l'oublier. Rarement le succès s'obtient de haute lutte : il a besoin d'une lente et mûre préparation.

Il existe un mot dont il est fort usé de nos jours, mais dont l'application est exacte dans le cas présent : on parle souvent de la « mentalité » des uns et des autres. Pour réussir vraiment auprès des électeurs, il faut créer en eux cette mentalité spéciale qui les portera à voter dans un sens déterminé et qui ne sera pas obtenue en un jour. Toute œuvre de pénétration par le journal demande une obstination continuelle et d'inlassables efforts.

Toute œuvre de persuasion par la presse demande elle aussi une action prolongée, continue et diffuse. Ceux donc qui ont résolu de travailler à cette grande œuvre de l'éducation politique doivent savoir qu'ils ne réussiront jamais s'ils n'ont pas devant eux beaucoup de temps et s'ils ne peuvent dépenser à profusion beaucoup d'efforts et beaucoup d'argent.

A côté de sa mission éducatrice, la presse a **un** *rôle d'apostolat* considérable à jouer. S'il est une vérité primordiale aujourd'hui, c'est que la question politique est secondaire en regard de la question sociale ; ou plutôt, l'action politique, pour être efficace et féconde, doit s'appuyer sur une action sociale généreusement menée et comprise.

La politique a une influence particulière et un rayon qui lui est propre : elle n'est pas suffisante pour donner au pays la prospérité qui lui est nécessaire.

Les journaux conscients de leur devoir comprendront qu'à côté de la politique et de ses exigences, de ses luttes, de ses violences, hélas ! il reste une place essentielle pour l'action sociale. Ils feront alors comprendre autour d'eux la nécessité de porter toutes ses préoccupations sur les institutions et les œuvres sociales qui sont une cause de force et de progrès.

Dans un de ses discours à facettes brillantes, qui éblouissent ses auditeurs, Jaurès, avec cette suffisance et cette audace qui caractérisent son parti, voulait accaparer pour le socialisme le bénéfice de toutes les réformes sociales.

« Car, lorsqu'on se sera habitué dans ce pays-ci, pour essayer de le discréditer, à attacher le mot de socialisme à toutes les réformes voulues par la démocratie ; lorsqu'on aura habitué ce pays à entendre que la limitation légale de la journée de travail et un acte exclusivement socialiste ; lorsqu'on l'aura habitué à entendre que l'organisation obligatoire et légale des retraites pour tous les travailleurs, ouvriers et paysans, est une conception du socialisme ; lorsqu'on l'aura habitué à entendre que l'impôt sur le revenu général et progressif est une première application socialiste ; lorsqu'on aura mis, comme vous le faites aujourd'hui pour le monopole fiscal de l'alcool, le mot de socialisme sur tout ce que le peuple veut, sur tout ce dont la République a besoin, oui, vous pourrez produire un désarroi d'une heure, mais vous aurez décuplé les adhérents du parti socialiste. » (*J. O.* 28 février 1903. Séance du 27 février).

Il ne faut pas permettre à Jaurès de semblables affirmations et prouver par notre presse que, nous aussi, nous voulons avec la même énergie toutes les réformes vraiment justes. La tâche doit consister justement à attacher son nom à la réalisation des améliorations sociales.

Ainsi quand, au lendemain d'un congrès de Pau, M. Piou reprenait devant un public nouveau les bases d'un grand et généreux programme social, la presse avait pour devoir de le répandre, de le faire connaître, de le commenter sous toutes les formes, de l'imposer pour ainsi dire, d'empêcher que le silence ou l'oubli ne se fassent autour de ces paroles vraiment humaines et empreintes d'un si beau souffle de solidarité et de commisération. La presse doit être désormais très décidée à soutenir les réclamations fondées des classes ouvrières. C'est à nous, à devenir les champions des idées généreuses, à proposer les réformes, à les faire aboutir, et non pas seulement à les accepter. Les ouvriers ont les mêmes droits que les autres classes, et chaque fois que sous une forme juste, respectant la liberté et les droits de chacun, des propositions seront faites en vue de tendre la main aux faibles, de les protéger, de les relever, d'améliorer leur situation économique, morale, matérielle, il y aura lieu de seconder un pareil mouvement, nous disons même, il y a lieu de le provoquer et de prendre soi-même de belles et chrétiennes initiatives. C'est dans ce sens qu'il faut se diriger à l'avenir : c'est le grand travail de réfection auquel la presse devra se livrer désormais.

On parle volontiers et à juste raison de la nécessité de contribuer à la diffusion de la presse ;

nous croyons que la besogne préalable de réfection est également importante et permettra
seule, une fois accomplie, de procéder avec succès à une diffusion utile.

De lourdes préventions indignement exploitées d'ailleurs ont longtemps pesé sur les partis
d'opposition.

Il importe de les faire disparaître.

## III

Nous allons maintenant reproduire pour
ainsi dire l'acte d'accusation que la presse
hainçuse et sectaire dresse contre nous sans
cesse.

Que nous reproche-t-elle? Contre quels soup-
çons avons-nous à nous défendre? Quels préjugés avons-nous à faire disparaître?

Les détenteurs de la fortune, de l'instruction
ou du pouvoir, dit-on, n'ont pas le sentiment de
la responsabilité précise qui pèse sur eux et qui
découle pour eux de ces biens différents qu'ils
possèdent.

Les classes non pas dirigeantes, dit-on, elles ont
perdu tout droit à ce titre ; mais les classes pos-
sédantes ont pour conception de diriger le peuple comme un patron dirige les ouvriers de son
usine : elles ont ainsi refusé de voir et de comprendre le grand événement qui caractérise la

la fin du XIX<sup>e</sup> siècle, l'avènement de la démocratie.

Elles ne portent qu'un intérêt limité à ceux qui ne possèdent pas, et sont trop disposées à dire et à croire que l'ouvrier est malheureux par sa faute ; elles se renferment dans un égoïsme facile.

Cet égoïsme les pousse à voter des lois qui, au fond, ne sont que des mesures d'intérêt privé, moyens de perpétuer la domination du petit nombre sur le grand, et qui, quelquefois, rarement sous un vernis apparent d'humanité, ne sont, en réalité, qu'une sorte d'assurance contre la Révolution.

Par timidité ou par méfiance, par indifférence, surtout, elles se sont abstenues de prendre part aux manifestations de la vie démocratique qui, chaque fois, devient plus débordante et plus intense. Et devant cette abstention voulue des classes qui les dirigeaient autrefois, les masses ont synthétisé l'idée républicaine et l'idée démocratique avec les hommes nouveaux dont le dévouement ou l'audace les ont trompés ou les ont séduits.

Alors, écartés des situations politiques, hostiles ou indifférentes au mouvement social, éloignés ou ennemis de l'idée républicaine, les hommes des anciens partis se trouvent aujourd'hui dans l'oubli et l'isolement.

Ce n'est pas en un jour, ajoute-t-on, qu'ils pourront reconquérir le terrain perdu. Qu'ils reprennent d'abord contact avec les masses trop longtemps dédaignées.

Les hommes religieux, dit-on encore, sont l'objet d'une méfiance particulière et n'est-ce pas justice ? trop souvent ne se sont-ils pas servis de la vérité universelle pour le profit des intérêts particuliers, n'ont-ils pas prêché une résignation sublime qui leur devait profiter surtout; ne se sont-ils pas, par principe, montrés les champions des idées du passé, et les ennemis du mouvement moderne; n'ont-ils pas été trop souvent les partisans de certains abus, ne cachent-ils pas, au fond d'eux-mêmes un désir obstiné de domination? N'ont-ils pas, en un mot, toujours boudé, toujours reculé, toujours marchandé leur concours, incapables de sacrifier au bien général la moindre de leurs préférences personnelles ?

Chacun, en rentrant en lui-même et en procédant à son examen de conscience particulier, verra jusqu'à quel point tels ou tels de ces reproches pourraient être mérités.

Mais la presse, en présence de toutes ces accusations, aura pour double tâche incessante de dissiper à la fois les préventions qui éloignent de nous ceux que nous voudrions contribuer à sauver et de nous indiquer partout sans relâche la véritable conduite à tenir, afin que ces préventions se dissipent d'elles-mêmes.

Elle aura à montrer que, pour le bien public, nous savons, à l'occasion, ne ménager ni notre temps, ni notre peine, que nous aussi nous cherchons à mieux comprendre les travailleurs, à les mieux connaître afin de pouvoir ensuite les défendre et prendre leur parti quand ils ont raison : on peut rappeler, par exemple, que si la grève d'Armentières, qui pesa si lourdement sur le monde du travail, s'apaisa, presque subitement, l'intervention, à la tribune du Parlement, de M. Laroche-Joubert contribua peut-être à ce résultat. Il sut se faire applaudir de la Chambre entière en rappelant, avec autorité et émotion, les devoirs réciproques qui lient les patrons et les ouvriers : il sut prouver enfin que les libéraux, eux aussi, mieux que les meneurs ou les beaux parleurs, ont le sentiment et la conscience de la vraie solidarité sociale.

Et pendant que, d'une part, la presse expliquera à nos adversaires que la vérité, l'indépendance, l'impartialité, la justice, sont des principes ou des vertus auxquels nous tenons autant et mieux qu'eux, elle nous engagera, d'autre part, à rassurer le peuple par nos actes publics, à lui faire comprendre que nous n'en voulons pas au régime de ses préférences, mais uniquement aux hommes qui faussent ce régime et qui sans amour, sans générosité sincère pour le peuple, exploitent, dans un but d'intérêt personnel, la masse des travailleurs. Tant que, par malentendu, maladresses, nos adversaires pourront répondre à nos programmes et à nos attitudes par cette seule parole, dite au peuple : « La République est en cause », le peuple, fasciné, suivra jusqu'au bout les mauvais bergers qui, de cette parole souvent fausse mais quelquefois exacte, ont fait leur cri de ralliement. La suprême et malhonnête habileté de nos adversaires a été d'adopter cette tactique, au fond mensongère. mais la suprême maladresse de notre parti n'a-t-elle pas été de la rendre possible? Il faut que notre attitude soit suffisamment nette pour que, devant certaines affirmations de loyalisme constitutionnel, nos adversaires eux-mêmes s'inclinent et sentent que nous n'avons aucun masque.

Le peuple ne nous connaît plus, dit-on, ou ne nous connaît en réalité que sur des racontars haineux et faux. A nous de nous faire connaître, de nous mêler au peuple avec désintéressement, sans arrière-pensée de domination, dans l'unique désir de dissiper des méfiances dont souffre chacun. Aujourd'hui, des sociétés de toutes sortes ont surgi sur tous les points du sol, sociétés de musique, de gymnastique, de secours mutuels, coopératives, sociétés militaires, etc.; trop souvent les classes dirigeantes ont refusé d'entrer dans ces sociétés, de s'y mêler : elles les ont abandonnées aux sectaires et aux francs-maçons : elles ont pour devoir de les reconquérir.

On reproche à beaucoup d'opposants leur attitude maussade, leur abstention volontaire et dédaigneuse. La presse prouvera, d'abord, combien à un certain point de vue ces reproches sont injustes. Un procédé courant et qui réussit

presque toujours en matière de presse consiste à répéter sans cesse une chose, fût-elle
fausse d'ailleurs, à avancer un fait, fût-il inexact,
à le reprendre constamment avec une insistance
que rien ne décourage : au bout d'un certain
temps, le fait passera pour un axiome auprès
d'une foule de lecteurs. Il suffirait, pour démontrer l'activité réelle et désintéressée de toute une
catégorie de citoyens, de rappeler le cri d'alarme
poussé par un ancien rapporteur du budget de
l'Instruction publique, M. Couyba, lors de la
discussion du budget (voir *J. O.* 27 novembre
1903, 2ᵉ séance du 26 novembre). Il s'inquiétait
du développement formidable pris par les
œuvres post-scolaires libres, et reconnaissait
l'exactitude rigoureuse de cette affirmation qu'énonçait un journal catholique. Toutes ces œuvres ont pris une large extension, il s'en crée
chaque jour de nouvelles, « et si le mouvement
est secondé avec zèle et intelligence, dans quelques années la France tout entière en sera couverte comme d'un immense rideau ». Tout en
dénonçant avec âpreté ce qu'il appelait un
« péril », l'orateur reconnaissait toute l'activité
et toute l'ingéniosité de ses adversaires. C'est par

là, disait-il, que les éducateurs confessionnels essaient de battre en brèche les œuvres laïques, et c'est par là qu'ils triompheraient si le parti républicain ne leur résistait pas énergiquement et loyalement. » Cette crainte de la majorité sectaire est le meilleur témoignage rendu au zèle de l'opposition.

Mais après avoir défendu les libéraux contre un reproche partiellement injuste, la presse exhortera tous ceux que l'accusation d'inertie vise plus ou moins directement, à mieux comprendre et pratiquer leur devoir présent.

Elle fera comprendre à nombre d'hommes portés à s'effacer, dans l'ombre, afin de mieux demeurer inactifs, qu'ils n'ont pas le droit de déserter la vie, de renoncer à leur part de travail humain, à leur quotité de labeur social. L'apport de leur effort et de leur énergie est nécessaire, et s'ils refusent de le fournir sous telle ou telle forme, ils font œuvre de désertion.

L'attitude réservée des hommes qui, ayant un idéal politique, social, ou moral, peut-être fort élevé, mais un peu personnel et spécial, et qui refusent nettement toute coopération, toute action commune et efficace, avec ceux qui ne partagent pas absolument, et de tous points, cet idéal spécial ou personnel, qui veulent imposer leur avis, leur avis tout entier, et qui « s'isolent », qui se cantonnent dans leur « splendide isolement » si leur opinion n'a pas gain de cause, cette attitude est coupable et dangereuse.

La faute de tous ces retardataires ou de tous ces obstinés « qui tendent à dérober aux forces du bien des éléments sur lesquels elles devraient pouvoir compter dans le conflit sans fin avec les forces du mal[1] » est une faute impardonnable.

Une telle manière de faire cache souvent un fond d'orgueil ou d'égoïsme. Il ne s'agit ni de compromis, ni de concessions dangereuses à faire en ce qui concerne certains principes inébranlables. Les concessions qui font faire un pas vers le mal, qui font adopter momentanément une politique condamnable, et condamnable parce qu'on la sent pleine de périls et de dangers, ces concessions-là sont périlleuses. Mais si, par obstination, on refuse tout accord et toute

---

1. Roosevelt, p. 37.

entente qui permettraient pratiquement une marche vers le bien, on encourt une grave responsabilité.

On ne remontera le courant collectiviste et jacobin, on ne pourra combattre les utopies et les violences des partis extrêmes que par une action locale et personnelle et cette action n'aboutira que si elle est à la fois confiante et réfléchie, tenace et désintéressée. Il faudrait suspecter également le concours des découragés et le concours intéressé des ambitieux ; les uns réprouvent d'avance les réformes, parce qu'ils croient à l'inutilité de tout effort, oubliant que tout effort est par lui-même moralisateur et fécond, les autres ne voient dans des réformes à soutenir qu'un moyen facile d'obtenir une notoriété personnelle. Les coteries d'enthousiasme sont une des erreurs fréquentes du parti de la minorité.

En prenant une part active dans les intérêts locaux d'une région, on arrive, par les relations personnelles qui en résultent, à mieux définir les désirs, les aspirations, les intérêts, les passions ou les préjugés mêmes des classes qui luttent pour l'amélioration de leur sort.

Il faut tendre de plus en plus à ce que les relations ne s'établissent pas de classe sociale à classe sociale, mais se transforment en rapports directs d'homme à homme. Il faut tendre à ce qu'il y ait fusion et, suivant le mot de Roosevelt, *imperméabilité des classes*. Cette fusion, qui attestera la communauté d'intérêts, contribuera à apaiser le fonds de jalousie qui dévore aujourd'hui tant de cœurs et fera disparaître la méfiance instinctive que l'on éprouve les uns pour les autres. Evitons de demeurer des étrangers au milieu de notre temps et de notre pays.

On reproche aux catholiques de se transformer en un parti politique. La presse expliquera tout à la fois *l'utopie d'un parti politique catholique* et la nécessité pour les catholiques de bien établir *qu'ils se tiennent au point de vue religieux au-dessus de tous les partis* et qu'ils sont prêts à soutenir tous les gouvernements, si ces gouvernements leur garantissent la liberté nécessaire. La presse établira par des exemples péremptoires que l'idée catholique s'accorde à merveille du mouvement démocratique comme de tout régime politique d'ailleurs, elle rappellera l'exemple de la puissante République américaine, elle expliquera la grande idée pratiquée aux États-Unis et qui donne à l'Amérique, à certains points de vue, une telle supériorité, la grande idée, mise en lumière avec un si haute éloquence par Mgr Spalding : c'est que la démocratie n'est pas une fin, n'est pas un but pour un pays : elle n'est qu'un moyen pour arriver au but véritable et supérieur qui est d'élever l'homme, de le rendre plus fort, plus généreux, plus apte à jouir dignement de la liberté, à profiter des bienfaits de la science et à comprendre la nécessité de la justice pour tous.

La presse ne devrait pas se lasser d'expliquer le véritable devoir social. Et que de sagesse dans ces conseils d'un écrivain catholique[1] :

« Agir ! Ceux qui veulent agir doivent laisser
« là les vaines parlottes des grandes villes, cha-
« cun doit aller à sa profession. Que le plus
« grand nombre regagnent leurs champs et
« leurs métairies ; qu'autour d'eux ils acquiè-
« rent l'influence dans leur profession, qu'ils
« sachent parler à tous ceux qui les entourent,
« vivre leur vie, qu'ils se laissent pénétrer par
« eux, afin de les pénétrer eux-mêmes ; que,
« laissant de côté toutes les questions sur les-

1. Abbé Naudet.

« quelles ils sentent que l'entente n'est pas faite,
« ils causent avec eux des questions profes-
« sionnelles ; qu'ils montrent l'estime qu'ils font
« de la simple honnêteté morale ; qu'ils restau-
« rent dans leur entourage la conception trop
« dégradée de la probité, de la loyauté ; qu'ils
« osent dire leur avis sur les mensonges usuels,
« sur les fausses habileté, les petites et les grosses
« tromperies, en même temps qu'ils fournissent
« des exemples de valeur professionnelle ; qu'ils
« expliquent les maximes qui guident leur vie.
« Sans prêcher, peut-être même sans parler de
« religion, il faut que les chrétiens tranchent
« vraiment sur les autres, et qu'ils fassent voir
« de quel esprit ils sont. »

La presse qui adopterait cette allure et ce ton large de moralisation, la presse qui vulgariserait les conseils que certains amis éclairés de la démocratie donnent aux libéraux pour leur enseigner les moyens de gagner eux-mêmes la confiance de cette démocratie toujours ombrageuse et frissonnante, mériterait les appuis et les encouragements de tous les bons citoyens.

Les opposants, aigris par la mauvaise foi et la perfidie de quelques-uns de leurs agresseurs, ont une tendance à méconnaître la possibilité de la bonne foi chez les adversaires, et à toujours les considérer comme sectaires. Ils ont tort, parfois, et devraient méditer ce sage conseil qu'un ecclésiastique de talent donnait un jour à son auditoire : « Quand vous vous trouverez en présence d'hommes qui ne pensent pas comme vous, disait-il, ne les regardez pas comme des ennemis, mais comme des différents. »

Si nous demeurions nous-mêmes sincères, nous suspecterions moins la sincérité des autres ; que cet esprit de méfiance ne nous porte pas surtout à soupçonner nos amis et à les blâmer sans raison. Est-ce vraiment servir une cause que décourager les bonnes volontés ! que de critiquer ceux qui agissent et se dévouent ! La critique est trop facile chez ceux qui n'agissent pas.

Nous nous laissons trop facilement gagner par les coquetteries savantes de nos pires adversaires. Et nous soutenons mal les ouvriers laborieux qui dépensent pour une cause commune leurs efforts et leur vie. On a eu en particulier pour quelques ouvriers de la plume, pour quelques journalistes en un mot, des indifférences, des dédains et des exigences, dont plusieurs ont fini par se lasser. On n'a pas su créer à ces utiles artisans du succès, ni la situation morale, ni la situation matérielle qu'il convenait de leur assurer.

Au lieu de s'appesantir sur les différences inévitables d'opinion, mieux vaut chercher les points communs qui unissent. Certes, il importe de reconnaître les erreurs de ses amis, et les avertissements sont nécessaires, mais dans les discussions ou dans les polémiques il faut éviter cette animosité qui ferme les cœurs momentanément endurcis ou aveugles, aux retours désirables.

Lamennais fût-il tombé si bas, si moins d'acrimonie lui avait été témoignée par ses partisans de la veille ?

On nous reproche souvent de faire tous nos efforts pour maintenir des choses caduques. Nous aurons donc, dans une marche raisonnée en avant, à prouver que l'esprit scientifique et l'esprit démocratique ne nous effraient nullement.

Quand nous aurons montré par notre presse qu'au lieu de cultiver le scandale et l'injure nous nous intéressons surtout aux questions difficiles de la vie politique et sociale, quand nous nous serons habitués à traiter ces grands problèmes sans parti pris, non pas avec le désir de faire triompher telle ou telle solution, mais avec la volonté de faire triompher les bonnes solutions, nous aurons ainsi répondu péremptoirement, mieux que par des mots ou des paroles, aux accusations portées contre nous.

La presse a pour devoir urgent de dissiper les préventions qui nous font un tort incalculable et qui font un tort plus irréparable encore aux idées que nous incarnons ou que nous représentons.

Et comme nous le verrons, c'est pour n'avoir pas su comprendre cette mission que la presse opposante a perdu peu à peu la meilleure part de son crédit, de son prestige et de son autorité.

IV


La presse modérée et opposante a d'autant
plus de mal à lutter qu'on la lit peu. Elle réussit
mal, pour plusieurs raisons, d'abord à cause des
calomnies incessantes de la presse adverse qui
multiplie les attaques et cherche à entraver toute
action. Les feuilles radicales ne cessent aussi
de diriger contre la presse antiministérielle cette
sotte accusation de cléricalisme qui effraie nombre de braves gens et de naïfs. Toute la tactique
de nos adversaires, et cette tactique réussit presque toujours, consiste à faire passer nos journaux pour les représentants des idées cléricales
antidémocratiques, antiscientifiques. Les citoyens
de bonne foi ayant quelque intelligence ou quelque indépendance ne s'y tromperont pas. Mais
l'homme qui n'a ni le temps, ni la tournure d'esprit voulus pour établir son jugement par lui-

même, préfère la calomnie à la critique. « Par la calomnie on frappe plus aisément son esprit, et ce qu'il hésite un peu à croire dans sa loyauté le premier jour, il l'accepte sans s'en douter comme vérité le lendemain. »

A ceux qui reprochent à nos journaux de n'être plus en rapport avec l'état d'esprit de la société actuelle, de tenir volontairement et quand même le baromètre des idées tempérées, et par une stabilité pareille de décourager les lecteurs dont les idées se trouvent largement ouvertes aux grands courants du progrès, nous répondrons loyalement que certains journaux méritent une part de ce reproche ; mais nous nous hâterons d'ajouter que ce soi-disant état d'esprit moderne, invoqué à grand renfort de mots, est souvent et très souvent faussé : nous pourrions établir qu'à force d'audace, certaines feuilles ont, non pas suivi mais créé, mais imposé un état d'esprit qui dans la réalité ne correspond nullement au véritable sentiment de la population. Le rôle de la presse vraiment bonne est de dévoiler ce malentendu, et le rôle des libéraux est d'encourager les feuilles qui se dévouent à cette tâche.

Si notre presse ne réussit pas suffisamment, la

faute en est partiellement à ses adversaires, à la difficulté qu'éprouvent en général tous ceux qui ont entrepris de résister au mal, de remonter les courants dangereux ou qui se refusent à exploiter les passions mauvaises.

Au bloc de la presse ministérielle, la presse d'opposition, peu organisée, peu répandue et peu outillée, n'oppose qu'une résistance insuffisante : devant la puissance de pénétration de ses adversaires, elle perd chaque jour plus de terrain. Cet abandon par les classes populaires de la presse modérée et catholique, de celle qui, seule aujourd'hui, a pour tâche de défendre les assises de la société, tient à plusieurs causes, et l'une de ces causes, nous l'avons vu, est dans le silence volontaire tenu quelquefois par quelques-unes de ces feuilles sur les questions sociales, dans l'ignorance voulue ou volontaire mais réelle où plusieurs de ces feuilles tiennent leurs lecteurs des grands faits sociaux qui passionnent et dominent le monde du travail. « La Fédération du travail est un fait capital, il faut en tenir compte : nous allons plus loin ; il faut en profiter. »

Il faut louer hautement l'initiative des publicistes qui, pour mieux remuer le pays et se faire mieux comprendre des masses jusqu'à ce jour indifférentes, ont tenté cette œuvre singulièrement efficace et utile des *Correspondances Sociales* envoyées, avec faculté absolue de reproduction, à tous les journaux départementaux d'opposition.

Cette tentative intelligente et désintéressée mérite tout éloge. On peut arriver ainsi à diriger certaines petites feuilles locales, professionnelles ou autres, et éviter qu'elles ne tombent dans le socialisme ; on peut ainsi faire connaître l'œuvre réalisée déjà ou chaque jour accomplie. Une tactique de nos adversaires, qui leur réussit presque toujours, consiste à spéculer sur la faiblesse humaine et sur l'imperfection du cœur trop souvent accessible au respect humain, et facilement entraîné par la puissance de l'exemple. Nos adversaires taisent systématiquement nos initiatives ; mais les travaux, les actes, les idées des leurs sont prônés et mis en évidence sous toutes les formes. Dans les milieux ouvriers, ils ont certainement augmenté le nombre des enterrements civils en citant avec complaisance et éloges ceux qui demandent des obsèques civiles.

Nous aurons à divulguer nos travaux et nos tentatives en matière sociale, et d'une manière plus générale .à promouvoir de toutes façons, dans le sens voulu, les œuvres et institutions sociales en vantant l'accord nécessaire et libre de ces trois forces : le travail, le capital, le talent ou valeur personnelle, dont l'union seule constituera l'harmonie nécessaire.

Peu d'articles de tête, ces articles se trouvent déjà dans des publications existantes, mais, sous forme brève, des articles, des découpures signalant des faits (progrès de la mutualité, de l'idée syndicale ou coopérative, initiatives intéressantes en matière d'assistance, questions de retraites... résolutions intéressantes des congrès, abondance de renseignements sociaux); de la sorte on amènera peu à peu la presse locale modérée à parler des questions sociales et à prouver aux lecteurs que les modérés, les libéraux et les catholiques ont plus que n'importe quel autre parti la conscience de leur devoir et le souci des réformes nécessaires. Il importe de faire comprendre à nos amis que, dans un sens opposé à celui de nos adversaires, nous devons aussi compter sur la prophylaxie de l'exemple. Si le mal semble tout-puissant, il faut croire également au rayonnement du bien.

Un cri d'alarme était poussé jadis par le parti
opprimé, et certains journaux conservateurs,
devant l'imminence du danger, ont essayé de
galvaniser leur public habituel. Cassagnac et
Drumont consacraient toute une série d'articles à
expliquer l'importance, l'influence « omnipotente
de la presse ». *La Dépêche*, toujours à l'affût des
questions vraiment opportunes, prenait prétexte
des remarques pénibles faites au sujet de la
presse conservatrice pour constater à la fois la
déchéance de la presse « réactionnaire » et l'apathie intellectuelle des classes dirigeantes :

« Ces gens-là se moquent des doctrines autant
que s'en moqueraient leurs caniches. Ils vivent
dans leur monde, ils ne vivent pas dans leur
époque. Ne leur demandez pas d'avoir la moindre idée à propos de n'importe quoi. Leur seule
préoccupation est de jouir, et leur unique souci
est de n'être pas dérangés.

« C'est leur réclamer un trop grand effort que
de vouloir qu'ils déplient seulement leur journal.
M. de Cassagnac a beau geindre, il a beau mettre
le doigt sur la plaie, la plaie est inguérissable,

comme celle d'un malade dont le sang serait trop appauvri.

« Si le parti conservateur, en attendant qu'il s'affaiblisse en nombre, s'affaiblit de jour en jour dans sa force de résistance, s'il est destiné à succomber tôt ou tard sous nos coups, s'il doit céder le pas à la démocratie, son recul peut tenir sans doute au dédain qu'il professe à l'endroit des journalistes dont quelques-uns mériteraient d'être honorés pour leur vaillance et qui, comme M. de Cassagnac, l'appellent au noble combat des idées. Mais ce dédain tient lui-même à la dégénérescence intellectuelle, à l'irrémédiable décrépitude des classes dirigeantes. Ce que M. de Cassagnac prend pour la cause n'est simplement qu'un effet. La décadence de la presse conservatrice, eh ! mon Dieu ! c'est l'expression visible de la sénilité du parti conservateur. »

Il nous appartient de prouver que ce tableau sévère est non seulement injuste, exagéré, mais qu'il est inexact de tous points et que nous aussi, nous avons compris et encouragé (l'avenir en témoignera) les avidités d'un public nouveau qui demande sa part de connaissance et sa part de science.

Notre presse, faute de ressources, est en beaucoup d'endroits mal organisée pour sa diffusion. Les journaux ministériels sont très habilement distribués, ils arrivent les premiers dans les communes et, par suite, tout le monde les achète, ceux-là mêmes dont les opinions sont contraires.

L'organisation est insuffisante. Le triomphe de nos adversaires tient en partie à leur organisation. Le mal a été fait et se continue par la presse radicale-socialiste et par les comités qu'elle a multipliés dans chaque canton avec délégués dans chaque commune. L'avantage des comités, dont l'influence est prépondérante et absolue dans certains départements, permet de grouper les timides, les indifférents ou les isolés ; ils donnent aussi protection, direction et courage ; les comités donnent en outre l'habitude de la discipline, et cette discipline, rigoureusement observée par nos adversaires, contribue à leur succès.

Les hommes jeunes, indépendants, bien servis par leur savoir ou leur talent, trouveront un réel élément à leur activité dans la constitution de comités semblables. Ces groupements pourraient travailler avec succès à la diffusion de la presse vouée à la défense des idées sociales. On a pu constater lors des élections que, sauf en de rares régions, il n'existait guère de comités ou de journaux liés ensemble par une action continue et pouvant lutter contre les journaux ou les comités du parti radical-socialiste. Nous pourrions citer un département, la Haute-Saône, nous disait-on, dans lequel les fédérations démocratiques abonnent presque tous leurs adhérents aux journaux ministériels. Et ce fait qui prouve à quel point les partis au pouvoir comprennent l'influence de presse n'est assurément pas un fait unique.

Beaucoup de journaux socialistes sont également soutenus par les adhérents de certains syndicats ; ils sont payés au moyen d'un prélèvement forcé sur la cotisation syndicale. On arrive ainsi à les fournir à toutes les organisations ouvrières d'une région. Ce procédé revient à celui du *Journal obligatoire* pour tous les adhérents d'un syndicat.

D'ailleurs, l'influence du journal est envisagée comme si nécessaire par le parti régnant que le système du journal obligatoire est pratiqué sans la moindre pudeur.

Voilà de tous les procédés le plus commode pour la propagande ministérielle. On oblige moralement, sans doute (mais on connaît trop les sanctions de ces obligations morales pour avoir la tentation de s'y soustraire), toute une catégorie d'individus à prendre des abonnements à certains journaux indiqués. Il est curieux de voir l'idée que se font de la liberté tant d'hommes qui accumulent d'ailleurs tant de servitudes au nom même de cette liberté qu'ils méconnaissent.

La parole prophétique de Mme Rolland reste toujours vraie.

## V

Il est évident que l'appui trouvé par la presse
ministérielle dans le personnel administratif, à
tous les degrés de l'échelle et surtout dans le
milieu des instituteurs et des comités démocratiques, est utile et aide singulièrement à la propagande.

Nous citerons par exemple le moyen suivant
que dans toute la région lyonnaise emploient certains comités : tout membre de comité, moyen-
nant le versement de 1 franc par an, a droit chaque semaine à un numéro du *Progrès de Lyon* ; on
est arrivé ainsi, dans certaines communes, même
très petites, à répandre un nombre considérable
de journaux. On cite, entre autres, une commune
de l'Ain de 600 habitants où vont aussi cent *Progrès de Lyon* ; et pour que la propagande soit
plus efficace et plus complète, le journal a adopté
la combinaison suivante : il fournit une édition

quotidienne grand format à des adresses qui varient les sept jours de la semaine : un abonnement dessert ainsi sept familles, ce qui permet aux voisins, aux amis, de se prêter mutuellement leur exemplaire et d'arriver ainsi à l'effet d'un abonnement complet (Fait cité au Congrès général de la Bonne Presse 1902).

Le succès de la mauvaise presse tient à plusieurs raisons. D'abord à une cause intrinsèque. Elle réussit parce qu'elle est mauvaise. L'homme reste toujours par instants l'être déchu, facilement gagné par le mal : tout ce qui alimente ses passions, facilite ses penchants mauvais, l'attire. Une presse le flattant dans ses envies, dans son orgueil, lui semble plus attrayante que celle dont le but est de le retenir.

Elle réussit aussi parce qu'elle est souvent mieux comprise, mieux renseignée que les autres ; elle ne craint pas, nous l'avons vu, d'aborder les problèmes qui agitent le monde du travail, les problèmes économiques et sociaux, toutes questions graves, actuellement de nature à inquiéter certaine clientèle craintive. Elle s'attribue aussi un rôle éducateur, souvent purement apparent, mais qui contribue à son prestige. Nous n'insistons pas sur ce point que nous avons déjà exposé : il est inutile de répéter plus longuement que, par crainte de leur clientèle, les journaux d'opposition gardent trop souvent un silence exploité contre eux : ils ont peur d'être taxés de socialisme.

Elle réussit parce qu'elle a plus d'argent, parce qu'il lui en est distribué davantage, parce qu'auprès des mairies, des préfectures, du gouvernement en général, elle trouve des concours et surtout des secours qui sont refusés à leurs concurrents.

Elle réussit surtout parce que les propagateurs des idées jetées à profusion dans les journaux ministériels sont décidés, pour le triomphe de leur cause, à des sacrifices plus nombreux et plus répétés que nous ne savons en faire pour nous défendre nous-mêmes.

Dans un curieux article, M. de Cassagnac citait un exemple frappant des sacrifices faits par certains groupements pour soutenir leurs journaux :

Ouvrez donc le compte rendu l'une des premières séances du récent congrès socialiste, vous y lirez ces lignes significatives : « Le chiffre des abonnés au *Socialiste* est de trois mille. Sur la proposition de M. Fabérot, ancien député, il est décidé qu'à l'avenir, tous les adhérents au parti s'imposeront une cotisation de vingt-cinq centimes pour une distribution plus large du journal au groupe et aux syndicats. »

Voilà ce que font nos adversaires. Ils se cotisent, car ils sont pauvres et ne disposent pas personnellement des ressources de nos amis de classes dirigeantes.

Chacun donne « cinq sous », alors que tel ou tel de nos amis, commerçant, industriel ou propriétaire, pourrait donner de larges subventions.

La mauvaise presse est décidée à conquérir le pouvoir afin, dit-elle, d'imposer des réformes jugées utiles, et elle poursuit cette conquête par tous les moyens. En réalité elle tient plus au pouvoir dont les jouissances l'attirent qu'aux réformes utiles dont elle élude sans cesse la réalisation, mais à force d'astuce elle est arrivée à convaincre les masses populaires que le sentiment dont elle est animée est désintéressé et sincère. Mais on ne pourrait sans injustice refuser à certains de nos adversaires le sentiment véritable des sacrifices à accomplir. On a vu des ouvriers s'imposer une retenue volontaire sur leurs salaires, ou bien remplir sou par sou des troncs déposés dans les cafés et dans les salles de réunion afin de constituer des cagnottes de propagande.

On a assisté il y a peu d'années à une expérience particulièrement intéressante et significative, à la création à Rouen, par les ouvriers, d'un organe ouvrier quotidien, républicain socialiste. Ses organisateurs cherchaient à créer une coopérative pour la rédaction, l'édition, la vente de leur quotidien. Des actions de 25 francs versables par dixième à la fois ont été créées. L'appel adressé aux coopérateurs et aux socialistes de la Seine-Inférieure était pressant : « L'œuvre est hardie mais nécessaire, dit-on. Propagez l'idée, faites des adhésions, la réussite est assurée. Vous aurez prouvé que lorsqu'ils le veulent, les ouvriers sont capables de créer des œuvres utiles, sincères, solides et durables. »

De toutes parts surgissent actuellement des organes socialistes, il en naît là où il n'en existait pas : ils deviennent trihebdomadaires ; ou quotidiens, là où ils étaient hebdomadaires ; il est évident que l'effort tenté pour la propagande est considérable dans ce parti, et que l'appel des chefs est écouté et compris.

La mauvaise presse est aussi plus soutenue, mieux organisée et, au point de vue strictement administratif, dirigée parfois avec un sens plus pratique des opportunités.

Elle sait l'importance des correspondants et des dépositaires ; aussi a-t-elle su en recruter dans tous les cantons, dans toutes les communes ; elle a compris combien il était adroit de multiplier le nombre de ceux qui s'intéressent à la diffusion d'un journal ; elle envoie des courtiers dans les foires importantes, elle agit tant et si bien que trop souvent le journal socialiste ou radical maçonnique est le seul que l'on trouve dans les bars, cafés, estaminets, où nulle feuille d'opposition ne vient contrebalancer cette pernicieuse influence. On ne recule devant aucun moyen de propagande s'il paraît applicable. Ainsi a-t-on adopté dans beaucoup d'ateliers l'usage de faire faire par des ouvriers qui ne peuvent travailler, ou même par des *individus rétribués à cet effet*, la lecture en commun des organes socialistes.

Les journaux du bloc ont plus d'ingéniosité

pour utiliser les ressources d'un pays, tirer parti des usages et des habitudes ; il paraît, dit-on, que dans la région des Deux-Sèvres, où le nombre des laiteries coopératives est très considérable, la *France de Bordeaux* se servirait des laitiers pour colporter le journal. *La Croix*, d'ailleurs rarement en retard dans les moyens pratiques de diffusion, agit de même dans plus d'une région.

La mauvaise presse, mieux que la presse libérale, a deviné quel moyen puissant et adroit de propagande peut fournir le roman, et les feuilles radicales et socialistes n'ont eu garde de le négliger. Il est inutile de rappeler les romans publiés par certains journaux comme l'*Action*, autrefois *la Raison, la Lanterne*, mais leur titre seul suffirait à faire comprendre quels ferments de démoralisation religieuse et sociale ils peuvent jeter dans les esprits et surtout dans les esprits ignorants. Le roman peut devenir un puissant véhicule d'idées ; on aurait tort de l'oublier.

La presse d'opposition, retenue par le besoin d'argent ou la crainte de déplaire, se heurte à l'indifférence ou l'apathie gémissante de ceux qui la lisent : ils savent se plaindre, ils répondent s'il le faut aux personnalités systématiques et agressives dont les journaux vainqueurs se sont fait un procédé de succès, ces journaux ayant remarqué que par des moyens pareils ils augmentent vite leur vente au numéro ; mais s'il s'agit de travailler au bien général, de lutter sans chance de profit personnel, le parti opposant se récuse trop vite. Aussi la presse radicale et sectaire, par un lent mais patient travail de calomnies, d'autant plus fort que le camp adverse montrait plus d'inertie et d'aveuglement, est-elle arrivée à transformer des régions entières et à démoraliser le pays.

Il est évident qu'il devient très difficile d'entamer des communes ou des régions ainsi perverties savamment. Mais si difficile que soit l'entreprise on doit la tenter, non pas à la veille des périodes électorales, à ces époques troublées où l'optique des partis change, et où l'on est aveuglé par la passion de part et d'autre, mais bien longtemps avant toute bataille électorale. Il faut agir suivant un plan méthodique, raisonné, suivi. On servira gratuitement par la poste le plus grand nombre possible d'abonnements : des destinataires-types (coiffeurs, aubergistes, etc.) seront choisis de préférence. On enverra de la même façon des tracts bien choisis et bien faits. Ce système, recommandé par des hommes qu'une longue pratique a mis au courant des habitudes et des exigences rurales, vaut d'être expérimenté.

Les faits attestent que le succès de la presse ministérielle tient tout à la fois à son organisation, aux théories propagées et à l'ardeur de sa propagande.

Les chiffres statistiques suivants, déjà un peu anciens puisqu'ils datent de 1902, renferment un enseignement[1] :

Il y avait alors en France 6,753 journaux et revues dont 2,865 à Paris, et 3,888 autres dans les départements et colonies.

Les 2,865 journaux et revues de Paris se subdivisent en 147 quotidiens, 781 hebdomadaires, 44 bi-hebdomadaires, 10 tri-hebdomadaires, 968 mensuels, 409 bi-mensuels, 27 tri-mensuels, 121

---

1. Depuis cette date un gros effort a été tenté. L'*Agence de la presse nouvelle* et la *Presse régionale* ont l'une et l'autre, avec une admirable énergie, combattu le bon combat en matière de presse. Les chiffres que nous citons ici ont évidemment subi des modifications, mais tels qu'ils sont, ils semblent intéressants à reproduire.

trimestriels, 7 semestriels, 85 trisemestriels et 226 irréguliers.

Les 647 quotidiens parisiens comprennent 82 journaux exclusivement politiques.

Mais le nombre total des journaux politiques parisiens quotidiens et autres s'élève à 174, dont 75 républicains modérés, 29 radicaux ou socialistes, 23 conservateurs, 17 nationalistes antisémites et 32 divers, comprenant les indépendants.

Parmi les 3,888 journaux et revues de province et des colonies, on en compte 338 quotidiens et 1,645 hebdomadaires.

Ces 3,888 organes comprennent 2,670 publications exclusivement politiques, et 1,218 diverses (agricoles, religieuses, géographiques, littéraires, etc.).

Les 2,670 publications politiques de province et des colonies se subdivisent en 943 organes républicains modérés, 204 radicaux et socialistes et 1,523 royalistes, nationalistes, antisémites, etc.

Les départements qui possèdent le plus de publications de tous genres sont : le Nord, 179 ; le Rhône, 159 ; la Gironde, 156 ; la Seine-Inférieure, 115 ; les Bouches-du-Rhône, 113 ; les Alpes-Maritimes, 90 ; la Seine (banlieue), 89 ;

l'Hérault, 81, etc. En Algérie, il y en a 126.

Par contre, les départements où il y en a le moins sont : l'Aude, 17 ; le Tarn-et-Garonne, 16 ; les Hautes-Alpes, 14 ; la Lozère, 12 ; le Haut-Rhin, 11.

A Paris, les journaux modérés, conservateurs, nationalistes-antisémites sont au nombre de 113, les journaux radicaux socialistes de 29 ; en province, les publications opposantes sont au nombre de 2466, et les publications radicales socialistes ne dépassent guère le chiffre de 204 ; et c'est dans de telles conditions de supériorité numérique que nous nous laissons dominer et écraser par la presse néfaste.

Il est évident qu'il importe de remédier aux vices d'organisation dont souffrent les organes libéraux. Le plus grand de ces vices, et celui auquel on pourrait parer le plus facilement, tient à son isolement.

## VI

La presse libérale est isolée : certes on
emploie, pour la discréditer, les armes les plus
basses, on recourt à la violence morale tout
au moins, pour détourner d'elle ceux qui libre-
ment l'ont choisie; mais pour résister à de tels
assauts, elle serait plus forte si elle était plus
unie. La nécessité de l'union est partout. L'union
est non seulement une nécessité de notre époque,
c'est une nécessité de tous les temps que ne
cessent de nous rappeler les voix les plus auto-
risées, c'est une nécessité démocratique.

« Il faut que les hommes d'élite, en dépit de
leurs désaccords, s'unissent et se soutiennent dans
des efforts incessants pour créer cette sorte d'opinion publique. Il ne suffit pas que leur vie soit
loyale, brave, chaste et bienfaisante; il faut
qu'elle communique à l'atmosphère où elle se

meut une vertu magnétique, le pouvoir d'exciter tous ceux qui la représentent à des pensées et à des affections plus nobles, à une sollicitude plus tendre et plus profonde pour les droits et les besoins collectifs, pour les droits et les besoins des femmes et des enfants, des malades et des abandonnés, des criminels et des prisonniers, de tous sans exception [1]. »

L'union indispensable pour le bien est difficile au point d'être irréalisée jusqu'à ce jour, car elle demande une abnégation très grande. Le nombre des hommes qui veulent le bien est toutefois considérable. Et à cette question posée au cours d'une enquête sur la presse : Quel est le journal qui dans votre région fait le plus de bien? on répondait souvent par cette phrase exclamative et découragée : On en compte malheureusement trop qui aspirent au bien.

Nous ne craignons pas de nous dévouer, mais nous redoutons de nous effacer ; nous consentons toujours à diriger une organisation quelconque, si minuscule soit-elle, mais nous nous ins-

---

[1]. *Opportunité,* par Mgr Spalding, un des dignes émules du président des États-Unis dans la manière large dont il a su comprendre et aider la démocratie.

crivons plus difficilement dans le groupe des ouvriers anonymes dont aucune approbation extérieure n'encourage ou ne flatte l'effort. L'histoire est bien ancienne de ceux qui préfèrent être les premiers dans leur village que les seconds à Rome.

Ce défaut d'entente fait la force de nos ennemis.

Il faut appliquer à la presse ce mot que rappelait M. Paul de Rousiers dans un de ses brillants rapports sur les ententes industrielles :

« Nous sommes à une époque d'action concertée : si l'on y veut vivre, il n'est pas possible de 'en tenir à l'action isolée. » Puisque le seul moyen de défense efficace contre la presse malsaine est dans la presse elle-même, il faut opposer aux groupements des journaux collectivistes, radicaux ou athées, des groupements analogues de journaux libéraux, tolérants, susceptibles de contrebalancer l'action condamnable des premiers. La presse néfaste veut nous envahir, à nous d'envahir le pays avec la presse éducative et saine.

Cette idée d'action concertée trouve toutefois des adeptes et on peut espérer qu'elle finira par triompher.

La concentration au sommet permettrait beaucoup mieux l'éparpillement nécessaire et fécond à la base.

L'éparpillement n'est qu'une dépense improductive de force et d'argent. En matière industrielle l'entente est devenue nécessaire ; nous croyons qu'il est important aussi de considérer ce grand sujet de la presse comme une matière essentiellement industrielle : le conseil en était donné avec à-propos par M. Bazire dans une conférence éloquente, mais le conseil était juste : la masse des opposants est trop portée à considérer ce travail de la diffusion de la presse comme une œuvre au sens charitable du mot. Il n'en doit pas être ainsi, il faut la considérer comme une affaire dont on désire le plus possible qu'elle soit rémunératrice et produise de sérieux rapports. Or toute affaire, pour demeurer bonne, doit être bien menée.

Il faudrait chercher les moyens de transformer peu à peu, en une besogne commerciale intéressante pour tout le monde, ce qui est et demeure avant tout une œuvre morale considérable. La création, dans un grand centre à Paris, d'une sorte de vaste syndicat de la presse locale, libérale et catholique, permettrait de fournir aux journaux groupés autour de lui les éléments d'un service commercial intéressant, et permettrait d'utiliser efficacement leur publicité. Certains produits parisiens ont spécialement leur débouché dans tels ou tels coins de province : tout ce qui concerne un produit intéresse parfois une catégorie spéciale de lecteurs disséminés au fond des départements; en mettant en rapport les maisons intéressées et les journaux, on agirait donc dans l'utilité de tout le monde. La création de ce syndicat permettrait aussi d'alimenter ces petites feuilles trop dépourvues d'informations, donnant tardivement les nouvelles ou même n'en donnant aucune, de telle sorte que tous ces petits journaux isolés aujourd'hui et à l'abandon, sentiraient autour d'eux un pouvoir protecteur et dirigeant. La question de la publicité et des annonces à réserver aux feuilles libérales mérite d'être soulevée et vaut qu'on s'y arrête. N'est-il pas préférable de se prêter aide et assistance mutuelle entre gens qui poursuivent un but identique? Or un des meilleurs secours apportés aux journaux est de leur réserver les annonces commerciales ou judiciaires. Il est certain que beaucoup de libéraux et beaucoup de catholiques contribuent à la prospérité des organes sectaires en leur réservant une publicité trop fréquente. Cette importance des annonces remplissant les colonnes des journaux est capitale, puisqu'elle assure la richesse et l'indépendance des journaux, puisqu'elle en augmente la valeur et les rend ainsi plus aptes à défendre nos intérêts. Cette question a été comprise en Allemagne, car lors d'un de leurs derniers congrès de la presse catholique les congressistes ont décidé la création d'une agence destinée à subvenir aux besoins et aux nécessités de la publicité catholique.

Un parti qui veut devenir un parti fort, vraiment armé pour la lutte, doit se livrer d'abord à une opération préliminaire et indispensable de concentration : il serait possible de grouper autour d'un centre d'où partirait tout mouvement, peut-être cinq ou six cents journaux locaux politiques ou professionnels. Quelle force subite alors ! Quel moyen puissant de parer aux nécessités de la défense ! Il ne faut pas aujourd'hui laisser disséminer les bonnes volontés séparées et indisciplinées. Les journaux livrés à eux-mêmes faiblissent vite et deviennent trop exposés aux tentations d'argent.

# VII

Mais dans cette œuvre de propagande entreprise, la force et la malice du parti maçonnique consistent à enlever aux mots leur sens véritable.

C'est au nom du patriotisme et d'un patriotisme qualifié d'éclairé qu'ils défendent leurs théories antimilitaristes et qu'en bloc ils rejettent parmi les amateurs de pronunciamientos et de coups d'État tous ceux qui ne pensent pas comme eux.

C'est au nom de la liberté qu'ils commettent les pires attentats à la liberté.

C'est au nom de l'idéal, d'un idéal nouveau, disent-ils, qu'ils défendent les théories les plus grossières, et le peuple, ainsi aveuglé, ainsi trompé par ce jeu toujours nouveau que Pascal appelait la « piperies des mots », se laisse prendre au piège qui lui est tendu.

Il faut en être convaincu, la situation est grave ; aux maux extrêmes, correspondent des remèdes extrêmes. Le courant qui entraîne aujourd'hui la nation dans un mouvement effrayant vers les idées collectivistes, antimilitaristes, vers l'avènement jacobin, ne pourra être remonté en un jour. Il faudra une lutte quotidienne et méthodique. Le journal a fait tout le mal, il a ruiné tout principe d'ordre et d'autorité : sous prétexte d'indépendance, il a entretenu les esprits dans un sentiment intérieur de révoite : il devra désormais faire tout le bien.

Les classes, autrefois dirigeantes, devront consentir aux sacrifices nécessaires : elles devront donner leur argent, leur dévouement et leur compésence.

L'argent reste la puissance du jour, celle à laquelle rien ne résiste ; que l'argent serve donc à répandre des journaux, à les faire pénétrer dans les milieux ruraux, si troublés aujourd'hui et qui semblent se perdre davantage au fur et à mesure que les villes se ressaisissent. L'argent est une arme nécessaire dans la lutte actuelle : pour une cause pareille on peut tendre la main sans fausse honte, sans respect humain. N'est-ce pas plutôt un honneur aussi bien de tendre la main que de donner à ceux qui font appel à la générosité, pour un enjeu pareil ?

Ne s'agit-il pas de défendre un patrimoine inestimable, sans prix, le patrimoine de ses libertés et de ses croyances ? La presse autrefois si dédaignée n'a-t-elle pas été appelée aujourd'hui à défendre ce qu'il y a de plus cher au monde : la vérité ?

N'est-elle pas appelée à un rôle libérateur ? N'a-t-elle pas pour mission aujourd'hui d'enseigner et de convaincre les masses ? Quelle admirable mission que celle de libérer les classes sociales emprisonnées dans le cercle brutal de l'erreur, de l'ignorance ou de la haine !

On a dit de la presse qu'elle était le quatrième État, pour indiquer sa puissance : elle constitue en tout cas une arme formidable mise à la disposition de ceux qui veulent s'en servir.

Nous ne pouvons que le répéter encore : le grand parti de ceux qui souffrent aujourd'hui dans leurs croyances a pour devoir absolu de comprendre que l'organisation et la diffusion de la presse constitue l'œuvre nécessaire. Il a pour devoir d'agir en conséquence, c'est-à-dire de faire tous les sacrifices que comporte la situation.

Ces sacrifices, nous les devons à notre pays troublé par des meneurs obscurs, et qui a soif de calme et de dignité ; nous les devons à cette cause auguste de la liberté, assez grande pour rallier dans un élan superbe toutes les bonnes volontés, et toutes les sincérités agissantes ; nous les devons à ceux qui nous entourent, et qui souffrent plus que nous parce qu'ils sont moins éclairés ; nous les devons à ceux qui ne savent pas et qui veulent savoir ; nous les devons à ceux qui se sentent trompés et qui implorent avec patience la parole libératrice qui les délivrera ; nous les devons à ce peuple douloureux des opprimés, des pauvres dont on égare le cœur et la conscience et dont on cherche à noyer la souffrance dans un remous de révolte et d'envie. Enfin, nous les devons à nous-mêmes, ainsi qu'aux hommes d'aspirations droites et saines, dont l'inaction n'est que timidité plutôt qu'indifférence. En les jetant ainsi dans la mêlée du bon combat nous donnerons libre carrière à ce sentiment confus peut-être mais réel qui agite, qui soulève obstinément certains cœurs. Nous aurons ainsi donné un essor libre à leur désir ardent et profond du bien accompli, car cette hantise du bien, cette passion de la vérité à répandre, demeure parfois le tourment éternel mais l'éternel honneur de certaines âmes.

# LE ROLE MORAL DE LA PRESSE

## I

L'existence d'une agence de presse véritablement indépendante et nationale serait un bienfait inappréciable. Il est inutile d'en démontrer la nécessité au point de vue spécial de notre politique intérieure. Mais, à côté de ce domaine spécial intangible de la politique intérieure, réservé aux seuls membres d'une même patrie, il est un autre domaine, plus général, celui de la foi, de l'idée morale et religieuse, dont la défense peut entraîner et entraîne effectivement des répercussions extérieures considérables[1].

1. On sait qu'une tentative des plus intéressantes a été réalisée en ce sens, et que l'Agence de la Presse nouvelle, fondée en 1905, a déjà rendu à la cause de la vérité des services signalés. Il dépend des catholiques, et de tous les libéraux en général, que cette Agence, en donnant à ses services l'extension nécessaire, atteigne son but intégral.

A ce point de vue plus qu'à tout autre encore cette grande agence indépendante et nationale dont nous voudrions pouvoir saluer l'existence serait également indispensable.

Elle permettrait de lutter contre la toute-puissance de la secte internationale qui propage l'erreur et le mensonge, et de pallier dans une certaine mesure le mal que, par les exagérations d'une politique irraisonnée et outrancière, nous nous faisons à l'étranger.

Cette agence devrait être nationale en ce sens que son siège et sa direction seraient en France, car elle aurait pour but la grandeur extérieure et la prospérité intérieure du pays. Il ne faut, en effet, jamais perdre de vue le *sentiment national*. Car s'il importe à notre fierté patriotique, en tout état de cause, que la vérité des choses soit connue, que tout ne soit pas tronqué, de ce qui se dit et se passe chez nous, d'autre part nous serions les premiers à protester contre ceux qui, sans autorité, émettraient la prétention inqualifiable de régler nos intérêts. Quand des questions nationales sont en cause, seuls des nationaux doivent discuter entre eux.

Si éloignés soyons-nous de tels ou tels

hommes politiques, quelle que puisse être notre répulsion pour leurs doctrines et leurs actes, le jour où, devant l'Étranger, du fait de leurs fonctions et de leurs titres, ils représentent la France, nous faisons taire nos griefs légitimes, et nous nous rangeons du côté de la France et de l'honneur national.

L'utilité d'une grande agence d'informations indépendante, fonctionnant à l'abri de la servitude omnipotente des agences officielles ou cosmopolites, est donc primordiale.

D'ailleurs il faut, quand il y a lieu, suivre son époque, parfois même la précéder et ne pas reculer devant les initiatives les plus hardies. En tous cas, il est des courants qu'il serait puéril de vouloir remonter. Or, en ma'ière de presse, on doit reconnaître que depuis peu d'années, une évolution s'est produite et que pour un temps tout au moins, les tendances nouvelles ne feront que s'accroître.

A la conception ancienne et vieillie de la presse éducative et dogmatique, telle encore que la conçoivent certains organes de jadis, vieillis et rétrospectifs, où les questions sont présentées et discutées sous leur jour différent dans de

longs articles à forme didactique, a fait place
la conception nouvelle et un peu américaine
de la presse d'information bourrée de faits,
sachant tout, ne cachant rien et préférant à la
plus éloquente des dissertations écrites une nouvelle inédite, lancée pour la première fois ;
aux théories, aux doctrines économiques et sociales, utiles pourtant et qu'il ne faut pas toujours éviter, on préfère la multiplicité des
nouvelles.

Individus et partis ne peuvent plus vivre
désormais qu'au grand jour, à la grande lumière
d'une publicité inexorable ; la maison de verre
du sage de l'antiquité est le logis imposé à tous
les hommes qui, de près ou de loin, ont un titre
quelconque à devenir la proie du public. C'est
par l'information que se feront désormais tout
le bien et tout le mal : on ne discute plus ; on
veut tout voir et tout savoir, l'enseignement se
déduit des faits eux-mêmes, de leur enchaîne-
ment et de leur répercussion.

Cette agence d'informations serait appelée
naturellement à créer des bureaux auxiliaires
dans le monde entier, à créer des dépôts, des
correspondants et des sous-agences un peu par-

tout et qui n'auraient qu'un but : défendre de toutes façons les intérêts de la France au point de vue politique, industriel, commercial, agricole, diplomatique.

Certes, il importe à tous égards, mais au point de vue catholique plus encore qu'à tout autre, que la vérité sur la France soit connue à l'extérieur, et que la vérité sur l'étranger soit connue en France, et pour cette partie spéciale de la tâche nécessaire, les catholiques, tous ceux même qui comprennent l'utilité de sauvegarder le sentiment et l'esprit chrétien dans le monde, auraient intérêt à se grouper et à s'entendre.

La France se rappellerait alors son rôle traditionnel que l'on veut lui faire oublier, mais qu'elle n'oubliera pas. Partout où jadis l'on attaquait le catholicisme elle se sentait atteinte.

Elle resterait au premier chef dans l'accomplissement de ce rôle séculaire, en prenant l'initiative d'un groupement destiné à respecter la foi et l'Église catholique. L'idée de ce groupement, caressée par des hommes de valeur, profondément dévoués à leur patrie et qui n'ont qu'un désir, celui de travailler à sa véritable grandeur, doit être réalisée sous sa forme initiale et pratique, celle d'une agence de renseignements, puissante et mondiale.

Est-ce que les catholiques, et jusqu'à un certain point les chrétiens du monde entier n'auraient pas un intérêt moral incontestable à la réalisation d'un tel projet? Ne sont-ils pas tous intéressés à ce que leur foi ne soit pas ainsi bafouée et ridiculisée sans cesse?

Il est d'une importance évidente pour la défense des idées catholiques et religieuses de créer un lien solide, d'établir des relations directes entre la presse des nations différentes où vivent des catholiques. L'Angleterre, l'Allemagne, l'Italie, l'Espagne, l'Autriche, la Belgique, l'Amérique sont également intéressées à la bonne marche de cette fédération dont la France aurait l'initiative et la direction.

Il importe à la conscience morale du monde chrétien de se procurer des informations religieuses vraiment exactes et d'être renseignée sur le mouvement et la diffusion des idées catholiques, sur leur expansion, leur pénétration, sur les attaques dont elles ont à souffrir, sur les rapports des Églises et de l'État, sur les difficultés juridiques ou même diplomatiques soulevées

à cette occasion, l'exposé des différentes législations concernant les cultes, les conséquences de
ces législations au point de vue de la liberté de
conscience et de la liberté d'enseignement, les
influences religieuses en Orient et en Extrême-
Orient, le rôle de la France à ce sujet, les nouvelles de Rome, autant de questions intéressantes
à connaître sous leur véritable jour.

Sans insister sur le grand danger des accaparements télégraphiques au point de vue économique et financier, sur les inconvénients que présentent, pour les industriels et le monde des affaires en général, certains coups de bourse, on comprend que, pour la sauvegarde des intérêts moraux du pays, il soit utile de surveiller, de contredire, et s'il y a lieu de démentir les correspondances télégraphiques internationales mises au service de l'idée et de l'influence maçonnique ; il est capi'al qu'elles ne soient pas exploitées ou dirigées contre la foi catholique.

« Nous avons contre nous une grande entreprise de diffamation et de calomnies, nous avons contre nous de puissants agents : la presse internationale s'inspire souvent à des sources qui apparemment sont empoisonnées d'avance[1]. »

1. Gaston Deschamps, Conférence à la Société de Géographie de Lille.

Ces paroles qui dans l'idée de leur auteur visaient surtout les attaques multiples et intéressées dirigées contre nous, dans le but de nuire à nos intérêts matériels, sont plus exactes encore quand on songe aux attaques furieuses dirigées contre nos croyances.

Est-il possible que le mode de renseignements habituel aux journaux devienne, comme on l'a dit, « une perpétuelle conjuration contre la vérité et les intérêts de la France » ?

Le public est actuellement renseigné dans des conditions contraires aux intérêts du pays, contraires à la cause supérieure et générale de la vérité et du bien.

Les journaux d'allure indépendante, d'intention libre et bonne sont condamnés eux-mêmes à aller puiser à ces sources troubles et obscures, qui, à des doses savamment ordonnées, deviennent un poison lent mais certain.

On voit souvent à l'étranger certains grands journaux à tendances catholiques, publier sur la France des chroniques ou des correspondances qui reflètent un état d'esprit hostile à la foi, matérialiste ou antireligieux, et uniquement par défaut d'information.

Dans d'autres feuilles qui ne nous sont pas favorables mais qui ont une réputation d'exactitude et de sérieux à soutenir, et qui à ce titre, quand il s'agit de faits, visent à la précision, on distingue fort bien les informations que leurs correspondants directs leur ont fait parvenir et celles qui leur ont été communiquées par l'entremise de nos agences ministérielles ; c'est ainsi que le *Times*, au moment de la loi de Séparation, publiera comme tenant de son correspondant romain l'information suivante :

« L'accord du pape et de l'Eglise de France est parfait et les lettres reçues de centaines de curés remercient le Saint-Siège de la fermeté de son attitude ? »

Mais par une singulière contradiction, on trouvera dans le même journal, à une date ultérieure, cette appréciation tendancieuse et qui nous apparaît comme l'écho des nouvelles reçues de France (12 février 1907) :

« Il est bon de faire connaître en dehors de France que la revendication de la part de Pie X, d'une autorité absolue en matière temporelle, n'est plus acceptée aveuglément par les représentants autorisés de la religion catholique en ce pays, y compris les évêques eux-mêmes[1]. »

Depuis longtemps l'esprit public constamment trompé est devenu la proie et la victime d'un immense et dangereux scepticisme. Comment pourrait-il en être autrement avec toute cette presse « systématiquement organisée en vue d'une imposture ou d'une diversion permanente[2] »?

« L'opinion publique incessamment égarée par des nouvelles contradictoires et tendancieuses transmises en tous sens en arrive à douter de tout, et c'est ainsi que peu à peu l'esprit public d'un pays se perd et se dissout... On enlève à l'opinion, suprême habileté, jusqu'au désir de s'étonner ou de s'insurger contre une nouvelle, quelle qu'elle soit. Le sens de l'indignation est émoussé : la crainte toute-puissante du ridicule et de ses conséquences est une de ces armes savantes, armes empoisonnées, armes florentines que manie la maçonnerie avec un art consommé. Et comme l'écrit Maurice Talmeyr, on nous impose aussi non seulement une opinion

1. *Libre Parole*, 2 mars 1907.
2. Voir Maurice Talmeyr, *Comment on fabrique l'opinion*, p. 12, 20.

que nous n'avons pas, mais une opinion que
nous ne voulons pas avoir... on se trouve en
présence « d'une vaste entreprise de tromperie
encyclopédique et de tromperie systématiquement préméditée, devant un parti pris de cap-
ter, de diriger, d'égarer l'esprit sur toutes les
routes qui peuvent s'ouvrir devant lui [1] ».

1. Voir Maurice Talmeyr, *Comment on fabrique l'opinion.*

Les organes maçonniques n'ont qu'un but, insuffler la haine du prêtre, le ridiculiser, et s'il y a eu des fautes ou des erreurs commises, les exploiter, les divulger quand même, clamer le scandale à grands cris. On se rappelle avec quel art de mise en scène un journal du matin avait donné une publicité considérable dans un roman révoltant à une faute toute personnelle et qui, si regrettable, si condamnable soit-elle, ne devait pas être indignement exploitée et étalée dans ses détails les plus choquants. D'ailleurs, s'il le faut, quand les scandales actuels manquent, certains journaux fouillent avec avidité les archives du passé et rééditent avec une imprécision voulue et malhonnête des histoires oubliées, déjà vieilles de 10 ou 20 ans, mais qui, dans leur pensée, éclaboussent encore une robe de prêtre ou de religieux.

Ceux qui par un reste de pudeur ne cultivent pas le vulgaire scandale de mœurs, insistent volontiers sur l'ignorance des catholiques, l'incompatibilité de la science et de la foi ; et leurs déclamations sur l'obscurantisme clérical sont intarissables. Est-ce que l'histoire même de l'Église autrefois, est-ce que les plus grands noms de la science aujourd'hui, les noms des Pasteur, des Branly, des Lapparent, des abbés Thédenat, Duchesne et Rousselot, avec beaucoup d'autres ne protestent pas contre une aussi mensongère assertion ?

Un journal subit nécessairement par la force des choses l'influence de l'agence dont il reçoit les nouvelles. Le contrôle est impossible.

On arrive à comprendre aisément comment on crée un état d'esprit, comment, suivant une formule connue, « on fabrique l'opinion », comment on l'intimide, comment on la mystifie. On répète souvent cet axiome : un fait est un fait. Sans doute, mais que de façons différentes de le présenter, de l'expliquer, de l'amener ! La manière dont on annonce les choses ainsi que les réticences dont on accompagne le récit des

événements fournissent des occasions nombreuses de tronquer la vérité.

Le télégraphe transmet bien les événements,
mais à sa manière, et par des explications tendancieuses données suivant une méthode connue et concertée d'avance, on en dénature la
portée véritable. Sans doute, après un temps
plus ou moins long la vérité se fait jour, les
renseignements exacts parviennent à destina-
tion, mais le mal, le mal irréparable est commis : des cœurs et des esprits de bonne foi
auront été trompés : l'erreur aura accompli sa
tâche mortelle : peu à peu avec un régime pareil
l'intelligence est faussée, le préjugé est accepté.
Les pièges sont si habilement tendus, si adroite-
ment cachés, ils revêtent une apparence si
séduisante que la plupart des lecteurs ne sau-
ront jamais où veulent les mener tous ceux qui
tiennent les fils de cette ténébreuse intrigue.
S'il y a lieu, même, le fonds de vérité qui colore
souvent l'amas tendancieux des faits annoncés
disparaît tout à fait ; les nouvelles sont inven-
tées ou travesties de toutes pièces, suivant les
exigences des loges. On calomnie sans scrupule,
sans merci ; et par une suprême audace, on

affuble sans cesse le parti que l'on combat de façon si déloyable, du seul titre que l'on mérite soi-même, on lui jette à la face l'insulte suprême, on l'appelle le parti des calomniateurs.

Nous nous contenterons de rappeler à ces bons apôtres ces quelques lignes, extraites, dit M. Talmeyr, d'une circulaire secrète de la Franc-Maçonnerie.

Elles édifieront les plus incrédules.

« Ecrasez l'ennemi à force de calomnies, disait-on. Pour vous donner droit d'asile au foyer domestique, vous devez vous présenter avec toutes les apparences de l'homme grave et moral... Ayez l'air d'être simples comme des colombes, puis peu à peu vous amenez vos dupes au degré de cuisson voulue[1]. »

Devant un tel péril et devant de tels procédés, l'information ne peut-elle pas devenir également une arme nécessaire dont il faut se servir, ne doit-elle pas devenir un instrument de précision qui permettra de redresser les idées fausses et les erreurs ? On ne peut nier que la franc-

---

1. Citée par Maurice Talmeyr (*Comment on fabrique l'opinion*).

maçonnerie internationale ait ourdi dans le monde entier son complot contre l'Église catholique; la France a été choisie comme le champ d'expérience [1]. On sait que toujours plus rapidement qu'une autre, plus habilement qu'une autre, avec une puissance de pénétration incomparable, elle a jeté aux quatre vents du monde les semences les plus audacieuses et les plus nouvelles, aussi le résultat de l'entreprise était-il plus intéressant chez elle que partout ailleurs : de sa réussite dépendrait le succès définitif et général, partout. En outre on a pensé avec une habileté sans nom que si la France, la fille aînée de l'Église, rompait ouvertement avec la papauté, les événements qui s'ensuivraient porteraient un coup terrible au prestige du Saint-Siège et deviendraient volontiers le signal d'une explosion d'anticléricalisme dans les nations catholiques. On a tout fait en ce sens, et au lendemain de la séparation, des manifestations anticléricales en l'honneur de Combes et de Clémenceau ont été organisées à grand renfort de publicité dans les milieux maçonniques

---

1. Voir un curieux article, *Journal du Tarn*, 26 janv. 1907, de Liousat.

internationaux, par exemple à Rome ou à Milan.
La presse maçonnique donnait avec détail le
récit de ces journées si habilement préparées,
mais comme une de ses grandes forces réside
souvent dans ce que l'on pourrait appeler la
*conspiration du silence*, elle omettait de signaler
l'importance des contre-manifestations catholiques plus significatives et plus imposantes que
les autres. Toutefois, comme en certains cas ces
manifestations eurent un tel retentissement qu'il
devint impossible de les laisser ignorer, la tactique adoptée fut bien simple. Sous des titres
tels que ceux-ci : le *Pape contre la France*, on
publia des informations de cette nature : « Les
manifestations des catholiques contre la République française non seulement continuent,
mais prennent de plus en plus d'extension ; un
mot d'ordre est certainement parti du Vatican
afin de provoquer une espèce de plébiscite universel pour jeter le discrédit sur le gouvernement français [1]. » Comme si la République était
en cause, comme si la forme de gouvernement
était attaquée parce que les agissements d'une

---

1. *Matin*, 29 déc. 1906, 5 janvier 1907.

politique injuste ont donné lieu à des protestations et à un mouvement d'indignation ; on feint d'oublier les occasions nombreuses et répétées où le pape recommande d'agir sans sédition ou violence et proteste de son « respect » des gouvernements établis [1].

Le but de la franc-maçonnerie internationale, en fait, n'était pas atteint dans la circonstance puisque les catholiques de France n'ont jamais manifesté avec plus d'ensemble leur soumission au pape, mais si elle échouait sur un point, que de triomphes effrayants en d'autres cas !

Le programme audacieux et révoltant de la secte était donné en 1904 par un des grands pontifes de la Libre-pensée, M. Buisson [2]. Faut-il ajouter, hélas ! que ce programme sinistre et

[1]. « Ce n'est pas tout. Au moyen de sophismes manifestes, ils s'efforcent de confondre les institutions, les formes établies du régime républicain avec l'athéisme, avec la guerre à outrance contre tout ce qui est divin, et cela afin de pouvoir accuser d'ingérance illégitime toute intervention de notre part dans les affaires religieuses du pays, intervention que nous commande le droit sacré de notre charge. Ils espèrent du même coup faire croire au peuple que lorsque nous défendons les droits de l'Église, nous nous opposons au régime populaire, et cependant ce régime nous l'avons toujours accepté, toujours respecté ! » (Extrait de l'Allocution de S. S. Pie X sur les affaires de France, prononcée au cours du consistoire du 15 avril 1907.)

[2]. Journal *Le Radical*, 10 août 1904.

néfaste qui se déroule comme un long blasphème en action est aujourd'hui plus que partiellement réalisé.

« L'État sans Dieu, l'École sans Dieu, la mairie sans Dieu, le tribunal sans Dieu, comme aussi la science et la morale sans Dieu, c'est tout simplement la conception d'une société humaine qui veut se fonder exclusivement sur la nature humaine, sur ses phénomènes et sur ses lois... Détacher de l'Église la nation, les familles, les individus, la démocratie, poussée par un merveilleux instinct de ses besoins et de ses devoirs prochains, s'y prépare. »

La Revue de l'enseignement primaire et primaire supérieur [1], répandue chez un grand nombre d'instituteurs et d'institutrices, reprend la coupable doctrine et la résume par ces formules haineuses et violentes :

« L'ennemi c'est l'Église, et les tyrannies qu'elle abrite et qu'elle déguise, tyrannie militariste, tyrannie capitaliste, tyrannie bourgeoise, toutes les castes et toutes les calottes. Nous avons déjà l'École sans Dieu, nous aurons enfin la République sans Dieu. »

[1]. 21 août 1904.

Et voilà les principes dangereux que sous toutes les formes, en les accommodant à toutes les situations, les agences maçonniques internationales propagent et répandent avec une ténacité inébranlable. C'est contre une telle propagande si inquiétante, et nous le répétons si antifrançaise, que nous protestons ; c'est contre elle que chacun de nous doit lutter de toutes ses forces et de toute son énergie.

Nous n'avons pas à reproduire ici les preuves souvent données de l'existence d'un plan concerté pour anéantir en France un patrimoine moral intangible. Ce plan mené à l'ombre des convents est docilement exécuté par les ministres : quand les circulaires suffisent, l'ordre est pour ainsi dire exécuté de suite ; quand une loi est nécessaire, il faut un temps de raison plus ou moins long pour aboutir, mais l'ordre est exécuté quand même. C'est du fond des convents que partent ces bruits anonymes et méchants qui vont ensuite se répandre dans le pays tout entier. Ainsi le convent de 1899 estime « qu'il faut persuader au peuple pour obtenir de lui la suppression des congrégations que la confiscation de leurs biens permettra l'organisation des retraites ouvrières ». M. Waldeck-Rousseau trouva à cette injonction sa formule lapidaire le jour du mois de janvier 1900 où, dans son discours de Toulouse, il évoqua le spectre du « milliard des congrégations ». Le 1er juillet 1901 la loi contre les associations religieuses était votée, et la démagogie se ruait à l'assaut du milliard introuvable qu'elle n'a jamais eu[1].

D'ailleurs l'homme qui pendant vingt ans présida administrativement à la direction des cultes en France, le directeur des Cultes, ne fut-il pas accusé d'avoir, entre tous, l'esprit maçonnique? Où trouver, sinon dans les décisions de la maçonnerie, la préface certaine à toutes les mesures de persécution et d'ostracisme prises depuis trente ans, depuis 1875 jusqu'à nos jours contre l'Église, le clergé, et la religion?

Le bilan de la persécution contre l'Église de 1876 à 1906 a été dressé en détail; il se déroule lentement mais sûrement avec une progression savante et implacable : il se dresse comme un acte d'accusation formidable contre les hommes d'État successifs. qui, se transmettant le mot

1. *Petite Correspondance française*, 25 janvier 1907.

d'ordre, ont strictement exécuté le plan maçonnique. La liste de toutes les mesures iniques prises contre les biens de l'Église, l'enseignement de l'Église et le clergé, constitue la plus forte des réponses à cette assertion mensongère reprise sans cesse dans les discours et les journaux des membres du Bloc : « A savoir que l'Église n'est point persécutée en France ; qu'elle se plaint bien à tort, et que c'est le Pape, les évêques, tous les catholiques qui, en résistant à la loi de séparation pour les inventaires et les associations cultuelles, veulent déchaîner les violences de la guerre civile contre la République qui rejette toute politique de persécution[1]. »

1. *Le plan maçonnique*, par Le François.
Voir le *Bilan de la Persécution*, par Th. Delmont.

## IV

A la formidable « machine à opinion[1] » que
l'on nous oppose et qui nous écrase, opposons
le bloc résistant et compact d'une agence puissante et puissamment organisée, qui peu à peu,
sous le souffle de la vérité, dissipera tous ces
miasmes dont on s'applique à empoisonner
aujourd'hui l'âme même de l'humanité.

La maçonnerie a merveilleusement défini le
rôle tout-puissant de la presse, aussi a-t-elle
compris, dans le pays où elle veut agir, que
pour agir avec succès, il fallait, avant toutes choses, s'emparer des grands journaux auxquels
dans ses communications elle imposait le mot
d'ordre.

C'est ainsi qu'elle a procédé dans certains
pays très catholiques, dans tous ces États de

1. Talmeyr.

l'Amérique du Sud, colonisés jadis par l'Espagne. Dans la République Argentine par exemple, à Buenos-Aires où la répercussion des événements a été très considérable, on a pu constater sous la pression de journaux puissants, obéissant aveuglément à la maçonnerie, que l'opinion était induite en erreur de la façon la plus systématique. Certains organes catholiques, tels que le *Pueblo*, luttent bien avec une grande énergie, redressent bien les idées fausses, rétablissent les faits, mais quelle force dans cette lutte inégale s'il existait quelque grande agence les renseignant avec exactitude et promptitude ! Sinon, comment éviter que les agissements du Bloc exaltés par toute une presse complaisante ne deviennent pas contagieux, et ne soient imités aveuglément par les partis avancés de tous ces Parlements sud-américains ? Certains députés de l'Argentine seraient peut-être fort aises de se créer une popularité facile en cherchant, eux aussi, à forger des chaînes contre l'indépendance et la liberté catholiques.

Toutefois, sous la poussée de la sagesse et du bon sens, le Président de la République Argentine par un décret du 22 septembre 1906 rappelait un peu à la pudeur et à la modestie la Franc-Maçonnerie qui avait émis la prétention de se faire reconnaître officiellement et octroyer la personnalité civile. Le décret décidait « qu'il n'y a pas lieu de reconnaître la personnalité civile à la Société du Grand-Orient du rite argentin ». Certaines conclusions du rapporteur valent d'être rappelées ; elles donnent à la Franc-Maçonnerie son véritable caractère :

1° Cette Société ne poursuit point le bien commun des citoyens, mais les intérêts égoïstes de ses membres au détriment des autres citoyens.

2° La Franc-Maçonnerie est une société présentant tous les caractères d'un Comité purement politique.

3° Ses statuts lui font un devoir de combattre la liberté d'enseignement afin d'en exclure les membres du clergé et les religieux.

4° La Maçonnerie, d'après ses statuts, poursuit un but antichrétien, et ordonne à ses membres de faire campagne contre la confession. La Constitution argentine ordonne de protéger le catholicisme, elle ne permet donc pas de tolérer cette secte maçonnique.

5° La Franc-Maçonnerie enlève à ses membres leur liberté et indépendance politiques, en les obligeant. avec menaces, de donner leur suffrage au candidat de son choix.

6° La Franc-Maçonnerie constitue un État dans l'État ou plutôt une contrefaçon du gouvernement[1].

Les événements de France au cours de ces dernières années ont aiguisé la curiosité du monde entier.

« Dieu sait combien ces francs-maçons sont forts dans l'art d'exploiter la curiosité des gens et leur désir de connaître jour par jour, heure par heure, les diverses péripéties de la guerre religieuse allumée par MM. Briand et Clémenceau. Tous les jours, il nous faut redresser la vérité et rétablir la réalité des choses. La grande majorité ds lecteurs ne soupçonnent même pas le piège qu'on leur tend pour les induire en erreur. Pour eux, MM. Clémenceau et Briand sont les héros du jour, les victimes, les persécutés ; le Pape, au contraire, les catholiques et les

1. *La Croix* du 6 avril 1007 : « La Franc-Maçonnerie dans l'Argentine. »

évêques sont les bourreaux, les sans-patrie, les provocateurs . »

C'est au fond ce que disait en d'autres termes et avec infiniment plus d'autorité encore le cardinal Gibbons : « Jamais, disait-il, les choses de France n'ont été portées loyalement à la connaissance des Américains. Notre presse a été presque toujours le reflet des journaux anticléricaux de Paris. Beaucoup de nos concitoyens n'ont qu'une vague idée des anticléricaux français. Ils considèrent les chefs de ce parti comme des hommes d'État éclairés, essayant de défendre la République contre les attaques d'un clergé agressif.

« Qu'il y ait eu des partisans honnêtes et sincères du régime républicain parmi les anticléricaux, je l'admets, mais le plus grand nombre parmi eux ont moins l'amour de la République que la haine de la Religion[2]. »

1. Voir l'*Univers*, 11 mars 1907, Extrait de lettres (Argentine) : « La Franc-maçonnerie et la persécution française. S. L. »
2. *L'Express de l'Ouest*, 25 janvier 1907.

## V

Nous avons relevé dans différents journaux de
ces derniers temps toute une série de ces fausses
nouvelles, de ces bruits fantaisistes, de ces échos
tendancieux toujours démentis sans doute, qui
ne résistent pas à un examen fait de bonne foi
mais qu'il a suffi de lancer, les sachant peut-être
inexacts, pour accomplir un mal irréparable.

Par exemple. les journaux de la secte, à la
suite du cambriolage de la nonciature et en exé-
cution d'un mot d'ordre, impriment couramment
des assertions telles que celles-ci. Elles s'adres-
sent surtout à des milieux ruraux que l'on suppose plus craintifs et plus crédules : « On aurait
trouvé dans les documents volés la preuve évidente, certaine, que le Souverain Pontife fomen-
tait chez nous la guerre civile au moment même
où il s'efforçait « de provoquer une guerre san-

glante contre la France, pour essayer comme en 1870 d'y faire régner à nouveau le Sacré-Cœur[1] »; et sous ce titre : *le Pape contre la France*, les journaux qui puisent leurs sujets d'articles en haut lieu maçonnique s'en vont, débitant toutes ces insanités malhonnêtes. On désire en effet insinuer que s'il surgissait par hasard une complication quelconque au point de vue extérieur, ce serait l'œuvre du Pape désireux de crier vengeance des ennuis que lui donne la France. La calomnie est grossière, elle est indigne, mais tous les moyens sont bons pour laisser croire que le parti prêtre conspire contre la France.

Avec une véritable perfidie, au moyen d'insinuations très habiles et très malhonnêtes, la maçonnerie, secte internationale par excellence, veut faire croire, devant l'admirable mouvement d'obéissance des catholiques à leur chef religieux que beaucoup d'entre nous seraient volontiers moins français que catholiques, et Clémenceau, qui lui aussi aime les formules concises et sen-

---

1. Citation de la *Vendée Républicaine* faite par le *Publicateur de la Vendée*, 13 mars 1907.

Voir *L'Argus Soissonnais*, 20 avril 1907.

sationnelles, lance, pour désigner les membres du clergé français, la fameuse expression « Fonctionnaires de l'Etranger ».

Ce mot répété à satiété, commenté de la façon la plus déloyale, est exploité sans cesse. Mais l'histoire lente et patiente, l'histoire implacable dans la vérité est là et atteste par des faits multiples que l'Église est une admirable « école de patriotisme »[1]. Quand il s'agit de défendre leur patrie, les prêtres, les catholiques, ceux qui ont vivante dans leur âme la foi du Christ, sont les premiers à défendre de leur mieux jusqu'au sang, jusqu'à la mort, s'il le faut, leur terre natale. En Irlande, en Pologne, au Canada, en France, en Espagne, les faits témoignent que les catholiques sont au premier rang de ceux qui luttent pour leur indépendance. Et le matyrologe des missionnaires qui, tout en évangélisant des âmes pour les conquérir à Dieu, élargissent sans cesse le domaine de leur patrie, n'a-t-il pas son éloquence et sa signification profonde? Et les feuilles qui suspectent ainsi le patriotisme catholique ou qui feignent de s'indigner par

---

1. *L'Église, École du Patriotisme*, par Ernest Daudet.

exemple devant les témoignages de sympathies
venus de tous côtés au clergé français, sont pré-
cisément les mêmes qui défendent sur d'autres
points les doctrines internationalistes de la franc-
maçonnerie, qui, lorsqu'il s'est agi de l'exécu-
tion de Ferrer, organisaient à grands renforts de
publicité meetings et réunions, et fomentaient
dans le monde entier une agitation considérable
et un grand mouvement de protestation. Telle
était leur logique.

Toujours à l'intention des populations de la
campagne, on dit dans certains journaux avec
grande affectation d'inquiétude qu'à l'occasion
de l'anniversaire de la naissance de Guillaume
II le Cardinal Merry del Val, en l'année 1907,
pour la première fois, a assisté à un *Te Deum*
d'actions de grâces. La nouvelle est fausse, absolument fausse naturellement, mais on la publie
dans un but trop facile à expliquer[1].

Un jour, on imprime par exemple que le Pape
prépare une encyclique sur le culte privé, que
le cardinal secrétaire d'État a prononcé une
allocution sur ce sujet, pour accréditer cette idée

---

1. *Écho de Paris*, 1" fév. 1907.

que l'Église favoriserait le culte privé dont on ajoute de suite qu'il est le culte des riches et des châtelains, quand les autorités ecclésiastiques répètent au contraire sans cesse que jusqu'à la dernière extrémité, elle en exigera la publicité.

Une autre fois, on soutient que le général des Jésuites se rend quotidiennement chez le Pape et chez le cardinal secrétaire d'État et qu'il exerce sur eux une pression toute-puissante. En réalité il ne se rend presque jamais au Vatican. Mais dans un pays où l'on cherche à faire planer partout l'ombre inquiétante de Rodin, on comprend toute l'habileté du « coup des Jésuites » : il constitue en matière de calomnies une véritable trouvaille, et les gens les plus modérés eux-mêmes s'en vont, hochant la tête et répétant partout : le Pape est dans la main des Jésuites. On montre alors la main de Rome s'appesantissant peu à peu d'une manière pénétrante sur le pays tout entier et jetant sur la France les mailles d'un immense filet. A la réflexion et après information on voit que toutes ces nouvelles sont inexactes[1]. Tel jour on publiera une

1. *Écho de Paris*, 16 fév. 1907.

interview sensationnelle avec un cardinal. L'Eminence dément les propos qui lui sont prêtés et prouve que l'interview a été inventée de toute pièce ; qu'importe, le mal est fait.

On profitera du voyage de tel ou tel évêque à Rome pour faire courir le bruit que de graves désaccords existent dans l'épiscopat; on propage audacieusement des faits inexacts ou tronqués, dont on remplit s'il y a lieu les colonnes des journaux étrangers; ainsi peut-on lire dans le *New-York Times* du 14 décembre 1906 un long article sur la cruelle position du clergé français ; il y est dit que 73,000 prêtres subissent à contre-cœur les ordres du pape ; et la preuve d'un tel fait se trouve confirmée, dit-on, par l'attitude même des fidèles : ils ont assisté sans provoquer de troubles à l'expulsion des évêques hors de leurs évêchés. La tactique est la suivante. Lors des inventaires, certaines manifestations s'étant produites, la franc-maçonnerie prétend que les catholiques et le clergé sont des rebelles. Depuis lors, pour se conformer aux ordres du pape qui ne veut ni sédition, ni violence, on subit sans révolte les pires iniquités. La même presse accuse de suite les catholiques de négligence et de tiédeur, insinue qu'ils seraient désireux de désavouer la papauté et qu'ils supportent impatiemment l'intolérable puissance étrangère qui les harcèle.

L'imagination des nouvellistes échafaude, s'il le faut, de toute pièce, les nouvelles les plus fantaisistes : on racontera par exemple qu'un prêtre de Paris de la paroisse de Saint-Blaise de Charonne « s'est publiquement déclaré citoyen français et républicain avant d'être prêtre[1] », il a fulminé contre les ordres de Rome qui ne le nourrissait pas, lui, curé de Saint-Blaise, et a déclaré que dans un but de protestation contre les ordres de Pie X, il se rendrait auprès de Clémenceau et ferait acte de loyalisme civique. Un tel récit est inventé de tout point ; inutile d'ajouter que tout est faux dans une telle nouvelle, depuis la déclaration solennelle du prêtre réfractaire, jusqu'à la paroisse elle-même, purement imaginaire et introuvable, car il n'existe aucune paroisse de Paris sous le vocable de Saint-Blaise.

On prend acte des moindres faits, d'une parole

---

1. *Express de l'Ouest,* 23 janv. 1907 : « La pensée publique travestie. »

prononcée, d'un discours pour tout dénaturer.

Ainsi Mgr Ireland prononce avec cette grande liberté d'esprit qui est la sienne, et qui donne tant de prix à ses affirmations, un discours important sur les événements de France. Immédiatement ses paroles sont travesties, on le transforme en censeur du Souverain Pontife, à tel point que le Prélat proteste par le télégramme suivant : « Le résumé de mon discours dans le *Matin* est un mensonge. Donnez un démenti formel. Au contraire je soutiens fortement le pape et je blâme seulement les catholiques français de laisser leurs ennemis arriver aux chambres en majorité » (Saint-Paul, Minnesota, 30 déc. 1906).

Toutes les occasions sont habilement saisies pour discréditer le Saint-Siège.

Parle-t-on de la conférence de la Haye, on fait dire que le Pape voudrait porter devant la Conférence sa protestation contre les perquisitions à la Nonciature de Paris[1]. Personne jamais n'a été avisé d'une telle intention, tout le monde est d'accord sur ce point, mais il faut tout prévoir,

---

1. *Le Matin*, 18 déc. 1906.

et si la Conférence de la Haye, en effet, ne s'occupe pas d'une telle question, il faut de suite pouvoir en déduire que le Saint-Siège n'a pu trouver aucune puissance consentant à le représenter, il faut répéter partout que le Pape n'a plus aucun crédit et aucune autorité auprès des nations étrangères. Le Saint-Siège est même obligé par un communiqué spécial de protester contre une telle campagne : « les nouvelles lancées par les différents journaux sur les pourparlers du Vatican et les attitudes diverses des puissances à propos de la Conférence de la Haye sont inexactes dans leur ensemble et dans les détails[1]. »

On omettra en même temps très soigneusement de rappeler, par exemple, qu'à l'occasion de Noël (1906) le pape a reçu du monde entier un nombre de télégrammes infiniment plus considérable que les autres années. Ce détail, qui a sa valeur, sera soigneusement passé sous silence[2].

S'agit-il du voyage du roi d'Espagne à Paris, l'occasion est trop belle, après la saisie des papiers Montagnini, surtout pour ne pas affirmer que le Vatican a tout fait pour empêcher ce

1. *Écho de Paris*, 20 janv. 1907.
2. *Écho de Paris*, 26 déc. 1906.

déplacement. « On possède la preuve irréfutable,
écrit-on[1], que le Saint-Siège a fait des démarches
pressantes auprès du roi d'Espagne pour l'empêcher de venir rendre visite au mois de mai
1905 au Président de la République. » La nouvelle est habile : il est important d'égarer l'opinion publique et de lui faire croire que le Vatican s'est immiscé de manière hostile dans les
rapports extérieurs de la République et des Etats.

En réponse à une calomnie pareille, le ministre
espagnol des affaires étrangères qui s'occupa des
préliminaires du voyage d'Alphonse XIII, M. Rodriguez Sampedro, et M. Castro Casalez, sous-secrétaire d'État, nient toute démarche directe ou
indirecte de Rome : on rappelle même que
Mgr Rinaldi, nonce à Madrid, l'un des premiers
parmi les ambassadeurs se présenta devant le
roi avant son départ pour Paris, pour le complimenter et le saluer, ce qui n'implique guère en
réalité un sentiment de contrainte du Vatican.
Depuis, dans les circonstances que l'on sait, les
papiers Montagnini ont été publiés. Il en ressort,
quoi qu'en aient pu dire les journaux hostiles

1. *Action*, 3 mars 1907.

grâce aux interprétations les plus malignes, soit en cours de publication, soit à l'occasion du procès Jouin, que le Vatican s'est en effet préoccupé de ce voyage, comme sans doute la plupart des chancelleries, mais qu'il n'a tenté aucune démarche pour le faire échouer. L'*Osservatore romano* du 12 avril publiait à ce sujet cette note reproduite dans la plupart des journaux français[1] :

« Nous sommes autorisés à déclarer, de la manière la plus explicite, que personne n'a jamais pu lire de lettres quelconques du cardinal secrétaire d'État qui prouvent que le Vatican essaya d'empêcher le voyage du roi d'Espagne à Paris, parce que ces lettres n'existèrent jamais. »

Ce qu'il faut avant tout, c'est exaspérer l'opinion publique française contre la papauté. Les démentis paraîtront sans doute, on les insérera s'il le faut, mais l'entrefilet pernicieux avec son sous-titre venimeux : *Le Vatican intrigue contre la France*, aura toujours produit son effet.

La maçonnerie veut établir que la loi de séparation n'a été élaborée ni contre la religion, ni

---

1. En particulier, le *Gaulois*, l'*Écho de Paris*, le *Radical*, 13 avril 1907.

contre l'Église. « Elle a été motivée par l'ingérence insupportable du Vatican dans les affaires de la France et les audacieuses tentatives du pouvoir pontifical tendant à s'arroger un contrôle sur différentes branches de l'administration française[1]. » Cette affirmation est erronée, à n'en pas douter, mais il faut lui donner un semblant de vraisemblance : tous les moyens sont employés : les pires souvenirs de l'affaire Dreyfus ou les racontars les moins sérieux des papiers Montagnini seront exploités en ce sens.

On représente encore comme une vengeance de Rome la cession faite à l'Italie de certaines missions qui dépendaient jadis du protectorat français. Dans la réalité des choses, le Pape, le secrétaire d'État et la Propagande sont restés scrupuleusement étrangers à la convention Barrère-Tittoni, mais on comprend toute l'importance que certains milieux attachent à parler des représailles du Pape.

Certaines agences font courir les nouvelles les plus imprévues sur les héritages recueillis par le Pape. Tantôt à la mort du cardinal Tripeti et de

---

1. Voir l'*Express de l'Ouest*, 23 janv. 1907.

Mgr Adami, le pape aurait touché 10 millions, tantôt l'Empereur d'Autriche et le cardinal Primat de Hongrie auraient envoyé au Vatican chacun 400 mille couronnes pour l'Église de France.

Parfois, on nous représente les milliardaires américains se dépouillant pour le Pape et pour la France.

Une revue romaine, la *Civilà Cattolica*, aurait recueilli des sommes colossales pour le clergé français. En réalité, tous ces bruits et racontars sont inexacts, mais le but poursuivi est bien évident : on veut persuader aux catholiques du monde entier que le Saint-Siège regorge de richesses[1] et que par suite il est inutile de lui adresser des offrandes, on veut représenter l'Église de France comme incapable de se suffire à elle-même et réduite à la nécessité d'implorer le secours pécuniaire de l'Étranger.

Nous avons à dessein multiplié les exemples prouvant avec quel acharnement la presse officieuse gouvernementale lance à tous propos les nouvelles les plus contradictoires ou les plus

[1]. *Écho de Paris*, 22 janvier 1907.

fausses, qu'elle est le plus souvent obligée de démentir elle-même, mais on égare l'opinion en escomptant l'impression produite par la nouvelle elle-même au moment de son lancement. C'est ainsi que jusqu'aux extrémités du monde, le mensonge et l'erreur vont accomplir leur œuvre de destruction, avant que les démentis aient pu atteindre, s'ils les atteignent jamais, les esprits trompés.

« Au Vatican, on déclare être parfaitement renseigné, d'ailleurs, sur l'origine de ces fausses nouvelles fabriquées systématiquement par le service de la presse ministérielle sur laquelle retombe la responsabilité de tels moyens employés pour égarer l'opinion[1]. »

Au point de vue national, qui restera toujours le nôtre, c'est faire œuvre vraiment patriotique que de rétablir la vérité et d'éviter ainsi que l'opinion publique ne soit pas trop sévère contre la France. Il faut prouver, en un mot, en rétablissant la vérité des faits et des points de vue, que les agissements d'une minorité sectaire ne représentent nullement le sentiment intime du pays.

1. *Écho de Paris*, 16 février 1907.

VI

Nous donnons à l'Europe et au monde entier un spectacle fait pour inspirer une sorte de méfiance et nous voyons, par exemple, les Américains nous rappeler dans une protestation publique « qu'aucun gouvernement ne peut durer sans les enseignements du christianisme, que tout pouvoir civil doit prêter à la religion chrétienne son aide morale, son soutien et ses encouragements, que les lois de 1901 et de 1905 interviennent dans ce qui regarde la liberté de conscience et la liberté du culte divin qui sont parmi les droits les plus sacrés des hommes et et garanties par tout vrai gouvernement républicain... [1] ».

Ces résolutions adoptées par un Comité mixte de catholiques et de protestants à Helena [2] ne

1. Voir *La Croix*, 10, 11 mars 1907.
2. Capitale du Montana.

constituent-elles pas, par le genre même de publicité qui leur a été donnée [1], un avertissement pour le Gouvernement ?

Malgré l'alliance qui nous unit à la Russie, certains journaux et certains hommes politiques s'expriment sur le Tzar et sur la politique russe dans des termes intolérables. Est-il également très adroit, à notre époque d'entente cordiale, d'exaspérer tous les catholiques d'Outre-Manche ? Certes, en agissant ainsi, nous sommes sur une voie dangereuse et nous nous faisons à nous-mêmes un mal incalculable ; nous ne songeons qu'à détruire toute idée religieuse ; nous bafouons les principes d'autorité et enfin nous nous apprêtons à ruiner notre crédit qui est la plus grande force que nous possédions encore dans le monde [2]. »

Une politique aussi « extravagante » ne peut que nous être néfaste. Il faut éviter que la

1. Un exemplaire de ces résolutions a été envoyé au premier Ministre et au Ministre des cultes de France, à l'Ambassadeur de France à Washington, à l'Ambassadeur des États-Unis à Paris, au Président des États-Unis, au Pape Pie X, au Cardinal Archevêque de Paris et au délégué apostolique de Washington.

2. *Écho de Paris*, 5 février 1907 : « Nos Fautes nous perdront » (André Mévil).

méfiance et l'hostilité ne soient trop grandes à notre égard et nous aurons tout avantage à prouver qu'en France le pays n'est pas tel que le dépeignent les porte-paroles impudents des partis avancés.

Les erreurs, les mensonges, les faussetés colportés à tout propos contre l'idée catholique, dans toute l'Europe en général, en Angleterre spécialement et en Amérique, ont indigné les catholiques du monde entier et ont provoqué partout des manifestations significatives. La question a pris une ampleur et une gravité que nos politiciens à courte vue n'ont pas voulu envisager.

La guerre déclarée au catholicisme en France par le Gouvernement est réprouvée par les nations civilisées qui n'y voient plus seulement les phases d'un démêlé intérieur, ce qui en effet ne les concerne en aucune façon, « mais une attaque à la foi chrétienne et à toute croyance surnaturelle ».

A un point de vue plus large, lit-on dans le *The Birmingham Daily Post*[1] (nous ferons remar-

---

1. Voir *Journal de Saint-Pétersbourg* du 28 janvier 1907.

quer que ce journal est l'organe de M. Chamberlain), « ce conflit est aussi pour nous d'un intérêt vital. A la racine d'un grand nombre de problèmes politiques du jour, si ce n'est à la racine de tous, se trouve la question fondamentale de savoir si les Etats modernes continueront à être organisés et fondés sur les idées du christianisme, sur un système de morale tirant sa sanction d'une source surnaturelle, ou si l'Etat fera divorce avec la religion. Sous une autre forme les Etats modernes continueront-ils à être organisés sur un système moral demandant ses sanctions à une source surnaturelle ou bien se débarrasseront-ils de toute préoccupation religieuse?

« Tous les esprits, à quelque communion qu'ils appartiennent, ne peuvent formuler qu'une solution, c'est que toute conception de l'Etat destructive de la religion, toute manifestation d'une forme politique se proposant cette fin, formellement ou accidentellement, ouvertement ou hypocritement, doivent trouver devant elles une irréconciliable résistance. »

En réalité devant la partie qui se joue en France et où l'enjeu moral est si grand, beau-

coup de nos voisins considèrent que le principe
en cause n'est ni plus ni moins que le fondement
même de la civilisation occidentale ; ils s'effraient de penser que, de par le monde, un
gouvernement puisse être assez fou pour considérer comme des armes de superstitions inutiles
et vouées à disparaître, un ensemble de croyances que rien ne peut remplacer.

En Amérique, le mouvement de protestation
contre le Kulturkampf a revêtu parfois une
forme toute spéciale qui pouvait être de matière
à nuire gravement à nos intérêts économiques
les plus immédiats : on parlait de boycotter le
commerce et les commerçants français.

Sans rappeler la réunion d'Helena, d'énormes
meetings furent tenus au moment de la Sépara-
tied à Boston et à Chicago en particulier où l'on
protesta, au nom de la liberté, contre la violation de nos libertés religieuses essentielles.
Le plus important de ces meetings fut celui de
Boston, sous la présidence de Mgr C'Donnel et
du professeur à l'Université de Harward :
Duinght. On y vota certaines résolutions qu'il
faut connaître car elles sont bien significatives :

« Attendu que... par la confiscation des biens dont l'Église est le véritable possesseur et par la suppression de la juste dette contractée par l'État envers l'Église, le gouvernement de France a *défié les droits communs de l'humanité*... il a été résolu...

« 2° Que nous protestons véhémentement contre le vol des biens de l'Église, sur lesquels l'État n'a aucun droit, et contre la suppression arbitraire de la juste dette de l'État envers l'Église, comme étant une violation flagrante des droits communs humains ;

« 3° Que nous dénonçons toute la série des lois oppressives françaises contre l'Église, comme une cruelle persécution contre le christianisme ;

« 4° Comme citoyens de cette vraie République qui respecte et défend les droits de la conscience, nous regardons avec horreur la déviation du pouvoir exercé aujourd'hui en France, elle est totalement indigne d'une démocratie et nous la caractérisons comme étant simplement du despotisme et de la tyrannie ;

« 5° Que nous déclarons professer une grande admiration pour le point de vue élevé auquel s'est placé Pie X défendant ce qu'il y a de sacré dans les droits humains ;...

« Une copie de ces déclarations sera envoyée au Président des Etats-Unis. »

En Amérique on a compris que « le monde entier est débiteur de la France en matière religieuse et que le monde entier souffre lorsque l'Église souffre comme à présent » et que la bataille soutenue actuellement par le clergé de France est « la bataille de la Chrétienté entière [1] ».

« A Lebanon, dans Kentucky, le juge Thurman voulut unir sa voix à celle des catholiques qui flétrissaient vos sectaires ridicules et odieux. « Je ne suis catholique ni de fait ni de cœur, déclara-t-il, mais j'ai lu l'histoire et je sais ce que la France doit à l'Église de Rome ; je suis jurisconsulte et je sais à quoi oblige un contrat synallagmatique, surtout quand, pour l'établir, l'une des parties a donné tous ses biens, ne se réservant qu'un modique intérêt ; de plus, je suis citoyen américain, et je veux le liberté sur-

1. Mgr Harkins, Évêque de Providence, capitale de Rhode-Island. Mgr Farley, Archevêque de New-York (*La Vie nouvelle*, 27 janvier 1907).

tout pour les consciences. A ces trois points de vue, je réprouve, avec vous, les procédés du Gouvernement de la République envers les catholiques français. Ils sont injustes, ingrats, contraires même au bien de l'État. »

On a même vu aux États-Unis, un évêque protestant réclamant dernièrement des prières publiques pour l'Église catholique, notre sœur[1], tant on y a compris que la lutte actuelle intéresse dans l'univers entier tous ceux qui, à un titre quelconque, s'intéressent aux croyances chrétiennes et ont le respect des convictions religieuses, quelles qu'elles soient.

En Amérique, en effet, où le régime républicain est solidement implanté sur la base de la liberté, où fonctionne sans difficulté la Séparation des Églises et de l'État, le bon sens public s'est, à certains égards, révolté devant les exagérations de nos journaux ministériels. On voit une véritable déloyauté dans ce fait qu'un État se séparant de l'Église ne lui accorde pas pleinement le statut civil[2] qu'elle considère comme indispensable à son développement. Les Améri-

1. Lettre des États-Unis. M. Grontby. *La Croix*, 11 avril 1907.
2. *La Vie nouvelle*, 27 janvier 1907.

cains avec leur grand sens pratique ne comprendront jamais que les éléments constituant la force vive d'une nation puissent être supprimés ou détruits. Or d'après eux, naturellement, la religion constitue-t-elle par essence un de ces éléments primordiaux. Aussi une véritable campagne a-t-elle été menée chez eux pour rétablir la vérité. M. Edgard Gans, avocat réputé de Baltimore, démontrait dans le *Sun*, journal protestant, qu'en France « la loi de séparation est le point culminant d'une longue série de tentatives qu'un gouvernement *infidèle* a prises pour chasser la religion de la vie des Français[1] ». Aux Américains qui voient fonctionner chez eux un régime de séparation, sans dommage pour personne, et qui s'étonnent de la résistance catholique en France, le *Sun* explique de suite que par habileté on voudrait peut-être faire croire que les situations sont les mêmes chez nous quand, en réalité, on ne peut les comparer, puisqu'elles sont pleinement dissemblables.

Autant en Amérique, du fait même de la Constitution, les droits de l'Église, les droits des

1. Revue *Demain*, avril 1907 ; compte-rendu d'une conférence de l'abbé Klein sur la Séparation aux États-Unis.

catholiques et les droits de la conscience sont respectés, autant n'en est-il pas de même chez nous, où dans l'absence d'une Constitution véritable, une faction au pouvoir, parce qu'elle est la plus forte, s'arroge tous les droits.

« En France, dit le *Sun*, des lois ont été faites, violant de la manière la plus brutale les droits sacrés de la liberté de conscience. Mais si de pareilles choses pouvaient se passer en Amérique et qu'elles s'y fussent passées, il y aurait eu ici une résistance, et cette résistance aurait été tellement effective et vigoureuse que l'on n'essaierait jamais plus de telles lois. »

On peut dire que dans le monde entier les manifestations d'estime et de sympathie à l'égard des catholiques de France se sont multipliées un peu partout, mais par un sentiment de dignité facile à partager on comprendra que pour nous être vraiment précieuses, et ne pas nous froisser au plus intime de nos susceptibilités patriotiques, ces manifestations ne doivent jamais prêter à l'équivoque, et sous couleur de commisération, sous couleur d'attaques contre un gouvernement peu sympathique, dégénérer insensiblement en hostilité déguisée contre la nation elle-même. Or, l'un des rôles de cette grande agence d'informations qui devrait être une agence de vérité, consisterait, de part et d'autre, à éviter les mouvements irréfléchis ou les manœuvres sournoises et à démontrer sans cesse qu'il ne faut jamais confondre certaines manifestations électorales d'un parlement prisonnier des loges et des comités avec le sentiment vrai et profond du pays.

On peut dire que les exagérations du système de mainmise adopté en France ont été signalés partout, de la part d'hommes à tendances bien diverses et dont l'adhésion n'avait assurément aucun caractère clérical. La *Dublin Review*[1] publiait sous le titre : *L'Anticléricalisme en France*, et sous la plume d'un protestant un article exposant la vérité des faits au sujet de la guerre faite à l'Église de France par le parti jacobin. Les deux exemples que donnait Reverdy[2] en citant la déclaration du ministre Luzzatti, israélite comme chacun sait, et celle du journal socialiste italien *L'Azione*, sont très significatifs. « La liberté religieuse, disait Luzzatti, condense, donne la

1. Avril 1907.
2. *La Vie nouvelle* du 27 janvier 1907.

mesure de toutes les autres libertés », et Enrico Leoni, directeur du journal socialiste, donnait à ses coreligionnaires cet avertissement clairvoyant :

« Gare à nous, précurseurs d'une société dans laquelle l'égalité devra être la fille aînée de la liberté, si nous nous souillons d'une complicité avec une forme de persécution de la part de l'État bourgeois !... »

« De même que nous défendons le droit à l'autonomie la plus large des syndicats de métiers, de même nous ne pouvons pas encourager l'invasion violente que le pouvoir soi-disant laïque accomplit dans l'organisation intérieure de cette association spéciale qui s'appelle l'Église. Nous nous insurgeons contre toute puissance de ce nouveau Léviathan, de l'État régulateur et représentant de toutes les manifestations de collectivités ».

VII

« L'évolution des sociétés, disait M. Clémenceau, ne se peut accomplir que par l'abandon progressif de certaines « formes accentuées », de certaines traditions, et par la substitution correspondante de certaines « formes » et de certaines « traditions » nouvelles. »

Or cette évolution, qui demande le sacrifice de certaines traditions et qui exige certaines formes nouvelles, effraie parfois quand des hommes tels que M. Clémenceau en deviennent les prophètes ou les inspirateurs. La France avec sa générosité et son impétuosité natives a de tous temps donné l'impulsion au monde. Au lendemain de la Révolution de 1789, elle secoua la vieille Europe au nom des principes de Justice et de Liberté, et l'Europe convaincue, oubliant certaines erreurs et certains crimes, se laissa galvaniser au souffle d'enthousiasme qui émanait de l'âme française. Mais devant cette lutte à outrance poursuivie contre l'idée religieuse et contre Dieu ne pense-t-on pas qu'un jour ou l'autre une protestation générale des consciences se manifestera de par le monde et se traduira de toutes façons ?

En Angleterre les partis avancés n'ont pas encore réussi à introduire l'irréligion dans l'École.

En Allemagne les électeurs demeurent encore fidèles au Centre qui défend la pensée religieuse.

En Suisse, malgré le mot d'ordre venu de Paris, « la tentative de profiter de l'exemple donné par la France a abouti à un échec complet ». Les partisans de la séparation complète des Églises et de l'État avaient pris l'initiative d'un référendum à ce sujet dans le canton de Neufchâtel. Le referendum eut lieu le 20 janvier 1907 et accusa 8.411 oui contre 15.090 non. La *Revue de Lausanne*, qui n'est guère favorable à l'idée catholique, constatait que l'idée de séparation en Suisse est en recul et que la passion dont se sont épris, pour elle, trop rapidement « les démolisseurs de l'État social actuel » a provoqué chez les autres un sentiment de réaction. Certains protestants suisses ont compris le plan des politiciens et des francs-maçons français qui ne cherchent qu'à détruire l'idée religieuse.

En Hollande, un des représentants les plus qualifiés du protestantisme, doublé d'un homme d'État, signalait à ses coreligionnaires français, dans un document retentissant, le grand danger pour l'Église, des associations cultuelles; il signalait le piège tendu et expliquait quelle atteinte elles portaient au respect nécessaire de la Constitution divine de l'Église.

Quel avertissement pour les catholiques !

En Espagne sans doute, la prochaine rupture avec Rome est escomptée par les militants de l'anticléricalisme international. Les amis de la grande nation espagnole s'inquiètent pour elle d'une politique intérieure qui déchaînera chez elle la guere religieuse ; ils souhaitent que l'infiltration du virus radical-socialiste, constitutif de tous les désordres, lui soit épargnée [1].

L'Italie, qui n'a aucun avantage à voir se rallumer des passions anticléricales dont le

1. Le *Figaro*, 8 février 1907. Article de M. de Castellane : « Les récentes élections soulignent la défaite du parti libéral. »

déchaînement constituerait un grave danger dans ses institutions publiques et sociales, l'Italie subit, il est vrai, le joug de la franc-maçonnerie et obéit aux injonctions de Nathan.

Qui sait si l'avenir même de l'Italie et de l'Espagne ne se joue pas à l'heure actuelle, et si la haine anticatholique d'une faction momentanée triomphante ne va pas jeter ces deux grands peuples dans les plus pénibles aventures?

## VIII

Il importe donc que l'on sache exactement la
nature et le caractère exact du conflit actuel. Les
déclarations de certains hommes d'État, déclarations publiques et souvent déplaisantes dans
l'expression de leur hostilité contre l'Église ou
l'idée religieuse ; les manifestations particulières
ou collectives de majorités qui, pour satisfaire
leurs appétits électoraux, suivent aveuglément
tous les ministères, se laissent à la fois conduire
et déconsidérer par eux, gorger de faveurs électorales et avilir en même temps, ne correspondent nullement à l'état d'esprit général du pays.
Qu'il soit hostile à la mainmise cléricale, sans
doute, mais il n'est nullement antireligieux et
révolutionnaire, il est nettement catholique[1],
respectueux de la religion et de sa hiérarchie.
D'ailleurs, dans l'épreuve actuelle, l'attitude des

1. On lira avec intérêt sur ce point plusieurs pages très significatives du récent livre de Madame Adam, si instructif et si clairvoyant à la fois : *Après l'abandon de la Revanche.* Ce volume dut
être douloureux à écrire, mais dans le souffle ardent de sincérité
qui l'anime, il est marqué au meilleur coin de l'esprit national et
traditionnel.

catholiques a été, pour le gouvernement, une surprise, et, pour l'ensemble du pays, un exemple et un réconfort.

On a essayé grâce aux agences de tromper le monde entier sur le caractère de la lutte religieuse qui se poursuit en France. On a espéré, au moyen d'informations dénaturées et savantes, que dans les pays protestants par exemple, où l'autorité religieuse du Pape n'est pas admise, il serait ainsi plus facile de dénaturer son rôle et de le rendre volontiers odieux.

Certes, il n'est pas un bon catholique et un Lon français qui ne souhaite l'apaisement de tout cœur et qui, dans la mesure où il le peut, n'ait pour devoir strict, au point de vue religieux et patriotique, de travailler à une tâche semblable. Mais il n'en reste pas moins vrai, et cela doit être dit, que dans ces dernières années, par toute une législation intolérable, un véritable attentat aura été commis contre la Religion du plus grand nombre, et qu'avec infiniment d'habileté on aura essayé d'égarer l'opinion publique. La lutte actuelle est l'œuvre d'un parti, d'une faction qui, pour conserver les jouissances du pouvoir, ne reculera devant rien et s'attaquera à Dieu lui-même, s'il le faut.

Voilà ce qu'il faut répéter de toutes les façons.

Est-il possible que le mode de renseignement habituel aux journaux devienne « une perpétuelle conjuration contre la vérité et les intérêts de la France » ? La conspiration de la franc-maçonnerie internationale contre le catholicisme est évidente. On s'applique partout à déconsidérer l'Église catholique, le dogme catholique, la foi catholique, l'enseignement catholique, le culte et les ministres du culte catholique.

Une telle attitude est contraire, nous le répétons encore, aux traditions les plus respectables de la France dans le passé et à ses intérêts les plus immédiats dans l'avenir.

La Franc-maçonnerie toute puissante n'est contrebalancée par aucune influence contraire et décisive. Le besoin d'opposer à cette action démoralisante et envahissante le poids d'une autre action également puissante se fait sentir non seulement en France mais dans beaucoup d'autres pays rapprochés de nous à des titres divers, soit par des questions d'intérêts, par sympathie de race ou de croyance. Que de préjugés tomberaient si nous étions mieux connus !

Les pays étrangers sont mal renseignés sur nous ; de notre côté nous connaissons peu les nations étrangères. Or les catholiques du monde entier ont un intérêt immédiat et puissant à réaliser ce grand trust de la foi pour la défense des idées catholiques chrétiennes ou simplement morales qui sont aujourd'hui si audacieusement battues en brèche.

La France catholique en prenant l'initiative et la direction d'une grande agence destinée à rétablir le règne de la vérité dans le monde accomplirait non seulement une tâche de haute moralité sociale et humaine, elle accomplirait une œuvre patriotique par excellence. Les partisans de l'Église ont, au point de vue civique même, le devoir étroit de défendre leurs prérogatives et leurs droits. Cette défense est un témoignage implicite de la confiance qu'ils conservent dans la justice de leur pays. Les catholiques ne sauraient trop aujourd'hui méditer et mettre en pratique cette pensée de Lacordaire : « L'Église peut être en contradiction avec le gouvernement d'un pays, mais le gouvernement d'un pays n'est pas la nation, bien moins encore la patrie... Lorsque le gouvernement d'une nation persécute l'Église, ce n'est pas l'Église qui attaque la Patrie, c'est la Patrie qui est opprimée dans un de ses éléments les plus saints et les plus chers, dans sa foi religieuse, et l'Église, en se défendant par la parole ou le martyre des siens, défend avec elle-même la Patrie outragée et méconnue. »

Certe la grande presse catholique et chrétienne a pour première obligation de comprendre, de respecter quand même et toujours toutes les jalousies, toutes les susceptibilités du patriotisme le plus chatouilleux, mais en ralliant à elle dans le monde entier et en guidant tous les cœurs de bonne foi pour cette croisade nécessaire de la Vérité, elle accomplira une grande et noble tâche, une tâche de régénération, de sincérité et de beauté dont ne peut que grandir encore le bon renom de la France. Nous avons à rappeler sans cesse qu'à côté des partis au pouvoir, assez oublieux parfois de leurs devoirs pour perdre toute décence et toute mesure, il existe toujours, il existe plus que jamais une France qui occupe une place privilégiée dans le monde et qui est une grande nation.

# LA PROPAGANDE ET LA LUTTE
## PAR LA PRESSE

Le pays est inondé par une presse tendancieuse : vaste et très habile entreprise de mensonge, avec des nuances et des variations adaptées aux milieux qu'elle est chargée d'endoctriner et de corrompre : ici, elle procède ouvertement, avec cynisme et violence, là, elle insinue ses théories avec plus de réserve et une timidité apparentes, mais partout le fond de l'enseignement est le même.

*Au point de vue social*, on stigmatise de toutes les façons, dans les termes les plus violents, et on dévoile les prétendus crimes de la classe capitaliste, quand on ne demande pas le retour à la nation « des biens seigneuriaux » ou des « capitaux exagérés » par l'exploitation en commun ; on « veut rendre la terre » au paysan qui la cultive ; en un mot, toujours et partout, la doctrine de haine et d'envie est incessamment propagée.

*Au point de vue religieux,* on « entend faire triompher pour toujours la liberté et la raison par la destruction complète de l'Église, par une propagande anticléricale acharnée ». La tactique consiste à « lier d'une manière indissoluble les capitalistes et les cléricaux ; à en faire deux éléments inséparables, le capitalisme ayant besoin, pour faire ses opérations malhonnêtes, du cléricalisme qui obstrue les cerveaux en prêchant la résignation et l'obéissance ». Avec une opiniâtreté inlassable, on va répétant partout, dans le désir de l'imposer aux masses, cette affirmation que l'Église catholique, loin de faire l'éducation du peuple, loin de s'occuper de ses intérêts, loin d'avoir organisé dans le pays un régime économique supportable, a tenu jusqu'à la Révolution le paysan, l'ouvrier, dans la pire sujétion, dans l'abêtissement, dans la misère ».

*Au point de vue patriotique,* quelques-uns, avec une audace inconsciente qui révolte, d'autres plus timidement et comme honteux de la tâche entreprise, mais les uns et les autres, au fond, parfaitement d'accord, répandent la thèse antimilitariste et internationaliste. Les écrits du professeur Hervé constituent le nouvel évangile de ces singuliers Français.

*Au point de vue politique*, le système de la surenchère est constamment appliqué afin de laisser, par tous les moyens et à n'importe quel prix, le pouvoir à la faction qui opprime la nation. C'est la confiscation scandaleuse de la République au profit de quelque sectaires et au détriment du plus grand nombre. C'est la prétention inacceptable de faire croire à un régime de liberté, quand, en réalité, le principe de la liberté est constamment violé.

Au bloc de la presse maçonnique, la presse d'opposition trop peu organisée, trop peu répandue, parfois insuffisante et insuffisamment informée, n'oppose qu'une résistance inerte. Devant la puissance de pénétration de ses adversaires, elle perd chaque jour plus de terrain. Cet abandon, par la classe populaire, de la presse modérée et libérale, de celle qui assume seule aujourd'hui la tâche de défendre les assises de la société, tient en réalité à l'infériorité même de cette presse.

Les causes d'une telle infériorité sont nombreuses ; nous voudrions en résumer les raisons profondes, et insister encore sur quelques-unes des idées énoncées plus haut.

Cette presse est insuffisamment et inexactement informée.

Cette absence ou cette insuffisance d'information est presque inévitable parce qu'il n'existe aucune source d'information vraiment française et catholique, indépendante, susceptible par ses moyens, par sa puissance financière, par la solidité de sa situation, de faire face aux offices internationaux ; aucune agence à la fois assez bien outillée et assez forte, pour opposer la seule et stricte vérité des choses et des faits aux nouvelles mal fondées ou fausses qui courent le monde.

Certes, il n'est que juste de signaler certaines initiatives partielles, intéressantes, dues au talent, à la générosité et à l'énergie d'hommes de valeur et dont l'influence bienfaisante commence à se faire sentir. Mais l'agence générale d'informations, l agence centrale, riche, puissante, solidement assise sur des bases financières qui lui assurent la rapidité, la priorité et la véracité du renseignement ainsi que la certitude de la diffusion, n'existe pas encore.

Trop souvent ne sentons-nous pas dans nos feuilles, même les meilleures, un ton d'incertitude et d'hésitation ? Cette attitude s'explique, quand on songe auprès de quels informateurs, par la nécessité, par la force des choses, elles ont été condamnées à s'alimenter. Souvent même, nos idées ou plutôt les idées auxquelles nos journaux ont servi de véhicule et d'enseigne, ne nous sont-elles pas imposées par des nouvelles d'origine protestante, anglaise, allemande, que, dans un but très déterminé, obscur pour nous, mais bien clair pour elles, ces puissantes agences internationales mettent en circulation ?

On a pu assister à ce spectacle d'agences françaises obligées de recourir aux offices des agences étrangères et amenées ainsi à publier inconsciemment peut-être, par ignorance sans doute, mais à publier effectivement, des nouvelles étrangères dans un sens antinational, contraire aux grands intérêts de notre pays.

Au dire des spécialistes, il paraît que pendant la guerre sud-africaine, l'Europe fut tenue dans une ignorance systématique de la situation réelle. Pendant la guerre russo-japonaise les nouvelles contradictoires arrivaient en tous sens, permettant difficilement de suivre avec exactitude les différentes phases de la lutte. On devine les répercussions que peuvent avoir de telles situations dans le monde des affaires.

Il ne faudrait plus que les nouvelles reçues de l'extérieur arrivent en France avec l'agrément préalable pour ainsi dire et le contrôle de l'étranger : les nouvelles ainsi parvenues risquent trop souvent d'être inexactes ou incomplètes. L'Agence doit donc être indépendante vis-à-vis de l'étranger et ne plus subir cette pression formidable que les organisations anglaises, fortes de leur situation prépondérante et particulière, font peser partout brutalement; elle doit être indépendante vis-à-vis du gouvernement, des partis politiques et des spéculations financières.

Cette agence-là est difficile à établir, mais celle-là seule peut informer et redresser peu à peu l'esprit public faussé par une longue habitude de l'erreur, et reconstituer la mentalité même de la France. Cette organisation d'information et de publicité nous apparaît comme un des premiers devoirs de l'heure présente.

Une autre cause encore de l'éloignement que manifeste le peuple à l'égard des journaux libéraux tient au silence trop fréquent gardé par plusieurs de ces feuilles, sur les questions sociales, dans l'ignorance volontaire et calculée où ces organes tiennent leurs lecteurs des grands faits sociaux qui passionnent et dominent le monde du travail.

La fédération du travail est aujourd'hui un fait capital ; il faut en tenir compte : nous allons plus loin, il faut en profiter. La presse d'opposition laisse trop souvent à de puissants concurrents le monopole des questions sociales. La crainte de déplaire à certains lecteurs qui la font vivre, et une grande timidité, l'entretiennent dans cette abstention. Les journaux opposants se cantonnent trop volontiers dans une note dite bourgeoise et ne plaisant qu'à ceux dont ils flattent les tendances. Il faut aujourd'hui comprendre et ne pas oublier que le cadre social s'est singulièrement élargi. Que les journaux libéraux n'aient donc l'air d'ignorer ni les vœux, ni les besoins de toute une population qui travaille et qui souffre ; que leur opposition soit à la fois plus adroite et plus « intrépide ». S'il gèle, s'il grêle ou si la sécheresse est persistante, qu'ils n'accusent pas la République. Nous pourrions citer tel département (c'était aux plus beaux jours du ministère Combes), où, pendant que la feuille radicale et maçonnique traitait tour à tour les questions suivantes : la question de l'Etat-monopole, les associations de vignerons, les conditions du travail, les assurances-accidents en Allemagne, la mutualité obligatoire, la légitimation des enfants naturels, la question des apprentis, la traite des blanches, le repos du samedi, etc., le journal libéral usait toute sa verve et toutes ses colonnes à reproduire des bruits relatifs à l'affaire du million des Chartreux ou aux lettres de Pelletan, etc., mais ne soufflait mot des questions sociales. Aussi, la presse quotidienne libérale (sauf exception), ne parlant pas assez de tous ces grands sujets qui intéressent les classes populaires, est-elle trop souvent abandonnée par elles.

En réponse aux théories creuses du socialisme maçonnique et anticlérical, on répondrait en proposant une réforme pratique et de réalisation immédiate ; à ceux qui nous parlent congrégation, cléricalisme, réaction, nous répondrons par ces mots : retraites ou mutualité ; aux exploiteurs des souvenirs d'ancien régime, nous parlerons de caisses rurales ou d'assurances mutuelles contre la mortalité du bétail ; aux commis-voyageurs en grève nous risposterons par les jardins ouvriers on le repos du dimanche ; à tous ceux, en un mot, qui cherchent une diversion dans les discussions oiseuses et qui, politiquement, les font vivre, nous prouverons que leur ruse est éventée, et nous les mettrons en demeure de travailler politiquement à la réalisation de promesses toujours renouvelées, mais qui ne sont jamais tenues. Le nombre nous reviendrait ainsi peut-être, il nous reviendrait certainement s'il *savait*, et il ne saura que par la presse libérale.

Il ne s'agit pas de flatter les masses ; loin de là : il faut les convaincre surtout qu'elles sont vraiment aimées, mais il faut que cet amour soit meilleur et plus fort que n'est le sentiment de la fraternité humaine, si doux soit-il ; il faut qu'il soit responsable, moralisateur, paternel pour ainsi dire.

Ces masses ont non seulement besoin d'être conquises par l'amour : elles doivent être aussi conquises par la lumière, par la science. Nous vivons à une époque où l'un des plus grands maux est l'ignorance. Il ne faut pas croire aujourd'hui que l'on puisse obtenir des résultats sérieux, durables, désirables même, en escomptant l'ignorance. Il faut habituer les hommes, non pas à ignorer le mal, mais à le combattre ; il est devenu impossible de mettre la lumière sous le boisseau. Les catholiques d'ailleurs ne sauraient se prêter à une telle besogne ; ils ne doivent jamais oublier, qu'eux entre tous, comme le leur rappelait Mgr Ireland, sont les enfants et les fils de la lumière. Ils n'ont rien à redouter du progrès et de la science et peuvent répondre, à ceux qui leur objectent l'antinomie de la science et de la foi, qu'une telle parole est un mot d'ignorant adressé à d'autres ignorants. Au fond, chaque fois qu'un peu plus de lumière, qu'un peu plus de science, qu'un peu plus de progrès pourra être réalisé ou répandu en ce monde, les catholiques devront s'en réjouir. Quant aux libéraux, quelle que soit leur confession religieuse, au nom même de leur idéal, ils doivent, eux aussi, se déclarer les disciples du progrès et de la science. La pensée vraiment libre demeure une pensée tolérante, éclairée et progressive.

Si respectable que soit la tendance de ceux qui entreprennent la lutte contre le mal en essayant d'empêcher qu'il ne soit connu, il n'en faut pas moins avouer que la meilleure propagande consiste surtout à répandre et à divulguer ce qui vaut d'être connu et défendu, et cette arme de la presse, que les sectaires manient avec une adresse reconnue, il nous appartient de la manier à notre tour. Sur ce point nos adversaires ont été quelquefois nos maîtres : ils ont été plus laborieux ou plus habiles que nous. C'est une infériorité que nous ne pouvons plus tolérer et qu'il dépend de nous seuls de faire cesser.

L'attitude passive de certains libéraux est d'autant plus regrettable quand on songe, d'autre part, à l'immense effort et à l'immense bonne volonté dépensés aujourd'hui, et depuis longtemps, par toute une partie notable du milieu catholique. Les catholiques n'ont-ils pas été sur beaucoup de points les précurseurs, les pionniers, les soldats d'avant-garde [1] ? L'Ecole sociale catholique groupée par M. de Mun et M. de la Tour du Pin, n'a-t-elle pas su prendre d'admirables initiatives [2] ?

[1]. La première loi française sur le *repos hebdommadaire* est votée le 18 novembre 1814 sur la proposition d'un gouvernement catholique.

— La première *Coopérative de production* est fondée par un catholique, Buchez, en 1831.

— La première *loi protégeant le travail des femmes et des enfants* est votée le 22 mars 1841, grâce aux efforts de trois catholiques : de Montalembert, Daniel Legrand, Charles Dupin.

— En 1857, un catholique, Daniel Legrand, lance le premier l'idée d'une *législation internationale ouvrière*.

— La première *Coopérative française de crédit* est fondée à Poligny vers 1880 par un catholique, M. Milcent.

— La première *caisse rurale* de France a été érigée par un curé de campagne, l'abbé Ragu.

— La première *Conférence internationale pour la protection du travail* (Berlin 1889) a été réunie sur l'initiative de la Suisse, provoquée par le catholique Gaspard Decurtins.

— Les premiers *jardins ouvriers* ont été organisés, en Belgique, par un prêtre ; en France, à Sedan, en 1891, par une catholique, Mme Hervieu.

— Le premier *Ministère du travail* de l'Europe a été institué, le 25 mai 1895, par un gouvernement catholique, le gouvernement belge, sur la demande de catholiques.

— La première *Ligue sociale d'acheteurs* en France a été fondée à Paris, en 1902, par Mme Henriette Jean Brunhes.

(*Bulletin de la Semaine*, 4 juillet 1906).

[2]. Le nom de M. de Mun et de son école reste associé à toutes les lois qui auront amélioré le sort de la classe ouvrière. M. de Mun aura été le grand initiateur des mesures de protection ou ou de défense prises depuis un quart de siècle en faveur des ouvriers. Le scandale, l'effroi, l'abandon des uns et des autres ne l'ont jamais arrêté dans cette tâche.

La presse n'est pas le seul instrument de mensonge. Tous les sophismes, toutes les erreurs propagées par la presse maçonnique sont ensuite repris et pour ainsi dire distillés goutte à goutte et adaptés aux milieux différents sous forme de conférences. Des ligues de toute sorte, en réalité maçonniques et libres-penseuses, sous le couvert des titres les plus encourageants ou les plus inoffensifs envoient des « missi dominici » dans les régions les plus diverses dont elles ont entrepris *méthodiquement* de corrompre la mentalité.

L'action est menée suivant un plan concerté, et si le doute était encore possible sur ce point, le spectacle des faits au moment des périodes électorales dissiperait bien vite toute équivoque Ce sont partout, dans les différentes régions de la France, les mêmes calomnies, les mêmes bruits grossiers ou stupides sciemment propagés, forgés en haut lieu par les mêmes professionnels du mensonge. Une seule tactique, un même mot d'ordre et partout une égale obéissance passive.

Ces ligues de l'erreur, ces ligues dites d'action laïque, à la fois si puissantes et si souples, usurpant trop souvent des étiquettes de justice ou des noms bien faits pour inspirer confiance, enserrent aujourd'hui la France entière dans les mailles d'une vaste organisation.

Nous avons relevé la liste de quelques-unes des conférences faites pendant ces derniers temps, ou l'énoncé de quelques idées toujours remuées et présentées sous forme d'axiome, dans les organes avancés de ces groupements. Ces conférences et ces axiomes sont en résumé toujours les mêmes ; les controverses nécessaires sont donc limitées. On exploite avec habileté quelques malentendus historiques, grâce auxquels on abuse indignement de la crédulité publique et de l'ignorance des masses. Tous les ressouvenirs d'un passé mal connu sont reprochés constamment et comme autant de méfaits personnels à tous les catholiques, à tous les libéraux, à tous les hommes de la masse opposante.

Sujets traités :

« La Vie sociale au moyen âge. L'Ancien régime. Les Châteaux. Les Dîmes et les Rentes. Exposer la situation des manants et des roturiers victimés par les seigneurs omnipotents. Les Crimes de l'Église. Jeanne d'Arc ; Jeanne est une victime de l'Église dont les catholiques n'ont pas le droit de se réclamer. L'Inquisition. Galilée. L'Église de tout temps et surtout au moyen âge a empêché la science et le progrès de s'épanouir ; elle avait peur que ses dogmes ne fussent renversés par les découvertes des savants ; l'Église, en effet, a toujours aimé à propager l'ignorance. Etienne Dolet et l'Église. Les Dragonnades. La Révocation de l'édit de Nantes. Le Chevalier de La Barre. Les Biens du clergé et le Budget des cultes. L'Intolérance à travers l'histoire. Le Syllabus et la Déclaration des Droits de l'homme. Révolution et contre-révolution : la Révolution n'a pas de pire ennemi que l'Église ; la Révolution est faite de liberté et d'égalité, l'Église est faite de servitude, de despotisme et de privilèges ; elle est hostile à la liberté de penser : il faut être pour la Révolution ou pour le Syllabus.

« Socialisme et collectivisme : la misère provient de l'organisation sociale ; elle est le produit du régime capitaliste, le produit de la propriété individuelle et du capital. La Solidarité : à la conception vieillie de la charité, il est temps d'opposer une conception nouvelle des devoirs réciproques que les hommes vivant en société ont les uns vis-à-vis des autres ; tout se tient dans la nature, les astres eux-mêmes sont solidaires les uns des autres ; il y a solidarité dans le présent, dans le passé, dans l'avenir ; l'idéal de justice et de fraternité auquel tend toute société civilisée ne pourra être atteint que le jour où la solidarité sera à la base de toutes nos relations sociales. »

Internationalisme et antipatriotisme : quelques modérés plus timides et aussi dangereux présentent le sujet sous forme détournée : la crise de l'idée de patrie. Entre la conception chauviniste qui fait de la patrie une sorte de divinité et exige pour elle une adoration aveugle, et l'antipatriotisme, l'hervéisme qui exige la destruction complète de l'idole, il y a place pour une opinion moyenne, éloignée du chauvinisme étroit et de l'hervéisme blâmable ; la patrie demande un amour éclairé. La question de l'Alsace-Lorraine est « une question aujourd'hui épuisée », d'ailleurs, mais que le « cléricalisme avait fait naître et qu'il a fait vivre trop longtemps pour entretenir en France un esprit de militarisme propre à satisfaire ses intérêts », etc., etc.

Et c'est au nom de la pensée libre, au nom du droit, de la justice, de la vérité, du progrès, au nom des idées les plus hautes que l'erreur, le mensonge et la haine sont ainsi périodiquement déversés dans les cœurs. Comme procédés de discussion ou d'exposition, le sectarisme le plus étroit, la partialité et la mauvaise foi les plus évidentes.

De pareilles provocations au bon sens doivent être relevées : il ne faut les relever, d'ailleurs, ni par la violence, ni par l'injure, mais par une organisation raisonnée qui préparera des lendemains réparateurs.

Aux faibles, aux résignés, aux découragés, aux habitués de la défaite et qui s'accommodent d'une telle posture, il importe de dire qu'ils aient à se ressaisir, qu'ils aient à s'associer pour une double besogne, se défendre et agir.

Des centres de défense et d'action, avec l'outillage voulu, c'est-à-dire avec le petit groupe d'ouvrages, de revues et de brochures nécessaires pour répondre aux objections les plus courantes, devraient être créés par régions.

Il faudrait grouper en un faisceau, en dehors de tout esprit de parti, les hommes qui, à un titre et sous une forme quelconques, pourraient être ou devenir une force ou un appoint à ce triple point de vue : compétence, initiative et dévouement. Pour cette croisade de vérité et de sincérité en faveur de la patrie, en faveur de la foi, en faveur des idées morales qui sont la base des sociales, pour cette croisade vraiment sociale et nationale, il faut pouvoir grouper les bonnes volontés qui pourraient différer sur le côté exclusivement politique. L'heure est venue d'écouter la parole du Père commun et de la mettre en pratique.

« C'est de toute votre âme, vous lo sentez bien, qu'il vous faut défendre cette foi. Mais ne vous méprenez pas : travail et efforts seraient inutiles si vous tentiez de repousser les assauts qu'on vous livrera sans être fortement unis. Abdiquez donc tous les germes de désunion s'il en existait parmi vous. Et faites le nécessaire pour que, dans la pensée comme dans l'action, votre union soit aussi ferme qu'elle doit l'être parmi les hommes qui combattent pour la même cause, surtout quand cette cause est de celles au triomphe de qui chacun doit volontiers sacrifier quelque chose de ses opinions. »

La nécessité de serrer les rangs et de se sentir les coudes est inéluctable. Suivant une formule dont nos adversaires font usage mais qui renferme tout un programme à suivre, il faut aujourd'hui « multiplier les manifestations au cours desquelles pourront encore se resserrer plus étroitement les liens de la confiance et de l'amitié qui doivent unir des hommes libres voués à la conquête d'un même idéal. Il faut remuer des idées, étudier en commun les graves et complexes questions » de la solution desquelles dépend l'apaisement du conflit social que l'on s'acharne à faire naître.

Il importerait d'être renseigné d'une façon précise sur l'effort du parti adverse, sur ses créations diverses (comités, sociétés de libre-pensée, associations multiples...), sur ses projets, de suivre les idées développées par lui et de souligner les promesses mensongères renouvelées.

Peu à peu on reprendrait toutes les idées fausses, tous les mensonges effrontément exposés, en rétablissant la vérité. Il faudrait lutter contre l'inexorable loi du silence qui nous enlise et contre l'exploitation de la peur dans laquelle prétendent nous enserrer nos adversaires.

A tous ces beaux parleurs qui devisent avec emphase de la faction romaine, de la libération des esprits, on demanderait comment ils mettent d'accord leurs paroles et leurs actes, dans quelles maisons ecclésiastiques, dans quels couvents ils ont fait élever leurs fils ou leurs filles, aux religieuses de quels ordres chassés et dispersés par eux, ils ont été demander des gardes-malades et des soutiens aux heures de maladie et à l'instant de la mort. On démasquerait les faux grands hommes de village qui imposent dans les campagnes leur tyrannie jacobine, qui, malgré des programmes modérés et inoffensifs, suivent aveuglément, avec une complaisance servile, une politique extrême, sèment la division dans les bourgs et les villages, dressent la liste des suspects et des favoris. Sans menaces, sans injures, sans ironies toujours inutiles et qni répugneraient au sens rassis des milieux ruraux, il faudra, dans un esprit d'implacable et inflexible vérité, démontrer, preuves en main, le peu que valent ces meneurs de hameau, ces fiers-à-bras de chef-lieu de canton.

A visage découvert, sans découragement et

sans haine, à la française, en un mot, telle doit être la devise des lutteurs du bon combat.

Au peuple dont tous ces philanthropes de pacotille se moquent en lui rééditant un stock usé d'inepties et de calomnies, nous poserons l'interrogation suivante :

« Crois-tu que ceux qui se servent de ton échine et de celle de tes compagnons, comme d'autant d'échelons pour arriver aux places qui rapportent, aux honneurs et à l'argent, crois-tu que les gens qui se sont fait un tremplin de tes nobles épaules ployées tout le jour pour un plus noble effort, plus digne de toi, de ta fierté de citoyen et de ton dévouement de père de famille, crois-tu que ces hommes aient eu à un moment quelconque l'amour de la démocratie? Dans tous les cas, c'est un amour qui leur rapporte[1]. »

L'œuvre à réaliser est une œuvre de secours intellectuel et moral. Nous aurions à imiter, dans nos journaux régionaux et locaux, suivant l'opportunité, la méthode de certaines feuilles socialistes et libres-penseuses. Dans un but de

---

1. Discours de M. Lenail au Congrès de l'A. L. P., décembre 1905.

direction sur les esprits et pour obéir à un besoin effrayant de prosélytisme irréligieux, elles
fournissent des indications de lecture et donnent
à toute une clientèle le nom des livres, brochures, feuilles, revues, journaux, rédigés ou
conçus dans un but unique, de manière à disci-
pliner et à endoctriner les esprits.

Il est évident que ce mode presque scientifique de propagande ne frappe peut-être pas
directement les masses, mais de nos jour où
les masses sont trop souvent la proie et le
jouet de certaines collectivités plus restreintes,
groupes, cercles, associations, sociétés, etc.,
on devine tout l'intérêt qu'offrent des renseignements de cette nature, permettant à un
groupement central de diriger avec méthode,
dans un sens indiqué, et pour un but déterminé,
toutes les volontés et toutes les intelligences
individuelles qui dépendent de lui. Il serait
intéressant et urgent pour les libéraux et les
catholiques de suivre leurs adversaires sur ce
terrain spécial et d'opposer aux listes des grands
écrivains de l'anticléricalisme, des savants maté-
rialistes, des pamphlétaires athées, la liste des
grands écrivains catholiques, des plus illustres

défenseurs de la liberté et des savants qui n'ont pas dénié leur foi. A l'exemple de ceux qui s'attaquent à nos croyances, à nos convictions les plus chères, nous pourrions, nous aussi, entamer la propagande par les brochures, la propagande par les opuscules de littérature, de philosophie, de science, de politique.

N'est-ce pas à nous plus qu'à tous les autres qu'il importe d'appliquer et de mettre en pratique la parole dite un jour, il y a vingt siècles, à ceux qui devaient devenir les apôtres et les conquérants du monde, la parole qui renferme tout le programme à suivre : allez et enseignez, c'est-à-dire : agissez et éclairez les esprits.

Le parti contre lequel nous avons à lutter ne frappe pas au hasard, il cherche à frapper à coup sûr ; il sait qu'en jetant dans le cœur et dans l'esprit des hommes certaines haines et certains préjugés, il décuple l'esprit de résistance et d'âpreté, chez toutes les masses populaires d'autant plus faciles à tromper qu'elles souffrent et que la justice idéale, irréalisable, car toute justice humaine est imparfaite, est loin de régner en ce monde.

Mais avec une habileté suprême, le parti socialiste ne se contente pas de parler au cœur, aux sentiments ou aux passions de ceux qu'il évangélise, il sait la mobilité des passions humaines, il veut atteindre la raison elle-même et il la trompe, car il sait encore que la raison faussée est lente à se rendre et à répudier les erreurs qu'elle a tenues pour des vérités ; il sait, qu'au nom de la raison, l'orgueil humain va jusqu'au bout des coséquences.

Voilà pourquoi il a organisé et mené avec une ténacité inébranlable une propagande méthodique et scientifique. Quand, s'adressant à des hommes de combat et d'action, on a le talent de donner à leurs visées, à leurs ambitions et à leurs instincts personnels souvent détestables une forme désintéressée, quand sous le couvert de principes quelquefois très élevés, on légitime les ambitions ou, ce qui est plus grave, les appétits les plus coupables, on est singulièrement armé pour la lutte.

C'est contre ces mots détournés de leur vrai sens, contre cette confusion des sentiments les plus nobles qu'il faut lutter sans relâche.

Certes, dans la foule malheureuse que l'on voudrait éloigner de nous, il y a des sincérités ardentes ; dans certains meneurs souvent obscurs, et toutefois si influents, il y a des apôtres, il y a des êtres prêts à tous les rôles de sacrifice et de dévouement, et peut-être trouverait-on, là encore, la signification profonde et cachée de certains succès qui nous étonnent chez nos adversaires ; mais à côté de ces combattants parfois convaincus, il y a des lutteurs ambitieux et haineux. Ce sont ces ambitions et ces haines qu'il faut dévoiler : c'est ce désir d'une satisfaction personnelle qu'il faut découvrir sans pitié. Cette tâche préliminaire accomplie, l'œuvre fondamentale d'éducation commencera ; elle devra être poursuivie dans un sentiment absolu de loyauté, de générosité et de désintéressement, et suivant une heureuse expression, avec la seule volonté de « travailler visiblement pour le peuple *dans le présent et en vue de l'avenir* ». Sinon, elle échouerait, sinon nous travaillerions en vain et tous les efforts que nous pourrions accomplir se retourneraient contre nous.

L'heure est sombre, l'heure est triste, dira-t-on ; nous sommes condamnés à bâtir sur le sable, et les rafales qui dévasteront tout sont proches, peut-être. Qui sait et qu'importe ? répondrons-nous. Nos regards plongent sur des horizons infinis que les nuages les plus noirs n'arrivent pas à nous cacher. Notre pensée lointaine va jusqu'aux confins de l'avenir, d'un avenir éloigné peut-être, mais certain, où lèveront toutes les moissons que nous aurons semées. Toute besogne désintéressée demeure féconde et productive par elle-même. La belle devise, rappelée naguère avec tant d'éloquence par M. Piou, renferme tout le secret du devoir à accomplir et de la tâche nécessaire : « Je n'ai pas besoin d'espérer pour entreprendre, ni de réussir pour persévérer. »

# Appendice

La propagande par la Presse des journaux de défense religieuse et sociale a suscité toute une série d'œuvres utiles.

Nous signalons à l'attention de nos lecteurs l'*Œuvre de la Presse pour tous* (10, rue d'Anjou). Cette Œuvre a pour but la propagation des bons journaux ; elle s'attache à répandre ceux qui se distinguent autant par leurs convictions libérales que par leur esprit antisectaire.

Pour arriver à cette fin, elle s'y prend de deux manières :

Ou bien elle contracte à ses frais des abonnements aux bons journaux de Paris et des départements et les envoie aux cercles, cafés, auberges, etc., dont ses correspondants ou ses adhérents lui communiquent les adresses...

Ou bien elle s'emploie à faire parvenir à des

personnes qui lui sont désignées par ses correspondants les bons journaux déjà lus.

*La Presse pour tous* s'efforce de propager les
idées de pacification nationale et de progrès
social : elle s'oppose par tous les moyens en son
pouvoir à la diffusion des feuilles immorales.
Elle recueille de ses donateurs, membres fonda-
teurs (100 fr.), souscripteurs (20 fr.), adhérents
(10 fr.), affiliés, des souscriptions qui lui per-
mettent de prendre des abonnements aux journaux de la presse libérale, aux organes régionaux en particulier.

Le secrétariat de l'Œuvre est ouvert chaque
jour de 9 h. 1/2 à 11 h., et le lundi de 2 h. à
4 h.

# TABLE DES MATIÈRES

Imprimerie E. Aubin

Ligugé (Vienne)

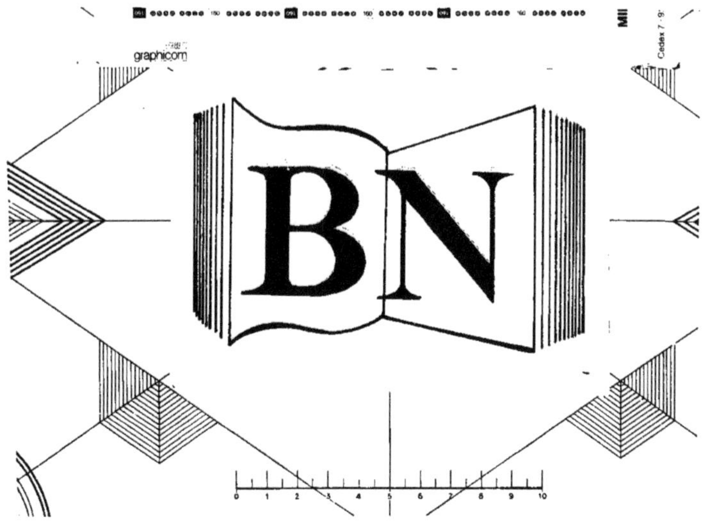

www.ingramcontent.com/pod-product-compliance
Ingram Content Group UK Ltd.
Pitfield, Milton Keynes, MK11 3LW, UK
UKHW020832120726
13693UKWH00002B/612

9 782019 234799